ビジネス・キャリア検定試験® 標準テキスト

特定技能用ルビ付き

共通知識

生産管理

渡邉 一衛 監修
中央職業能力開発協会 編

3級

第2版

特定技能2号人材在留資格取得学習用の
ルビ付きテキスト

発売元 社会保険研究所

ビジネス・キャリア検定試験 標準テキストについて

　企業の目的は、社会的ルールの遵守を前提に、社会的責任について配慮しつつ、公正な競争を通じて利潤を追求し永続的な発展を図ることにあります。その目的を達成する原動力となるのが人材であり、人材こそが付加価値や企業競争力の源泉となるという意味で最大の経営資源と言えます。企業においては、その貴重な経営資源である個々の従業員の職務遂行能力を高めるとともに、その職務遂行能力を適正に評価して活用することが最も重要な課題の一つです。

　中央職業能力開発協会では、「仕事ができる人材（幅広い専門知識や職務遂行能力を活用して、期待される成果や目標を達成できる人材）」に求められる専門知識の習得と実務能力を評価するための「ビジネス・キャリア検定試験」を実施しております。このビジネス・キャリア検定試験は、厚生労働省の定める職業能力評価基準に準拠しており、ビジネス・パーソンに必要とされる事務系職種を幅広く網羅した唯一の包括的な公的資格試験です。

　３級試験では、係長、リーダー等を目指す方を対象とし、担当職務に関する専門知識を基に、上司の指示・助言を踏まえ、自ら問題意識を持って定例的業務を確実に遂行できる人材の育成と能力評価を目指しています。

　中央職業能力開発協会では、ビジネス・キャリア検定試験の実施とともに、学習環境を整備することを目的として、標準テキストを発刊しております。

　本書は、３級試験の受験対策だけでなく、その職務の担当者として特定の企業だけでなくあらゆる企業で通用する実務能力の習得にも活用することができます。また、異動等によって初めてその職務に就いた方々、あるいは将来その職務に就くことを希望する方々が、職務内容の体系的な把握やその裏付けとなる理論や考え方等の理解を通じて、自信を持って職務が遂行できるようになることを目標にしています。

標準テキストは、読者が学習しやすく、また効果的に学習を進めていただくために次のような構成としています。
　現在、学習している章がテキスト全体の中でどのような位置付けにあり、どのようなねらいがあるのかをまず理解し、その上で節ごとに学習する重要ポイントを押さえながら学習することにより、全体像を俯瞰しつつより効果的に学習を進めることができます。さらに、章ごとの確認問題を用いて理解度を確認することにより、理解の促進を図ることができます。

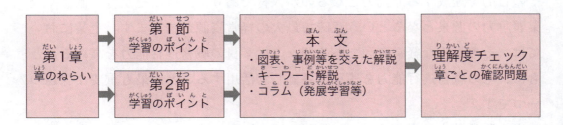

　本書が企業の人材力の向上、ビジネス・パーソンのキャリア形成の一助となれば幸いです。
　最後に、本書の刊行に当たり、多大なご協力をいただきました監修者、執筆者、社会保険研究所編集部の皆様に対し、厚く御礼申し上げます。

中央職業能力開発協会
（職業能力開発促進法に基づき国の認可を受けて設立された職業能力開発の中核的専門機関）

ビジネス・キャリア検定試験　生産管理分野
標準テキストの改訂に当たって
〔生産管理分野における「共通知識」及び「専門知識」について〕

　ビジネス・キャリア検定試験における生産管理分野におきましては、生産工程の川上から川下までの流れの中に存在する様々な領域を、関連する作業領域でまとめ、生産管理分野の知識として分類整理し、各試験区分にまとめさせていただいております。

　今般の改訂では、3級、2級共に、試験の範囲を「プランニング」（計画にかかわるもの）と「オペレーション」（実作業にかかわるもの）に大きく区分し、それぞれの試験区分の中での領域特有の知識について「専門知識」としてまとめた他、従前通り、全領域に共通して必要な「品質管理」、「原価管理」、「納期管理」、「安全衛生管理」、「環境管理」のいわゆるQCDSEの5つの管理項目にかかわる知識を「共通知識」といたしました。したがいまして、1つの試験区分の学習には「専門知識」と「共通知識」の2冊のテキストが必要ですが、同じ級の別の試験区分を学習するときには、その試験区分の「専門知識」のテキストのみの追加で済むことになります。

　また、今回の改訂では、これまでと同様に用語の多くをJIS（日本産業規格）から引用し、用語の標準化を図る一方、索引に掲載する用語を大幅に増やして検索しやすくいたしました。

　このように、効率的に学習でき、実務でも活用しやすいテキストの編集とさせていただきましたので、ビジネス・キャリア検定試験の準備にとどまらず、業務を進めるときにもご活用いただきたく存じます。

令和5年4月28日

監　修　者

〔参考〕生産管理分野　標準テキスト一覧

【共通知識】生産管理2級
　　　　　　生産管理3級

【専門知識】生産管理プランニング2級
　　　　　　生産管理プランニング3級
　　　　　　生産管理オペレーション2級
　　　　　　生産管理オペレーション3級

目次

ビジネス・キャリア検定試験　標準テキスト
【共通知識】生産管理 3級〔第2版〕

第1章　品質管理 ··· 1

第1節　品質管理の考え方 ······························· 2
1 品質管理の意義 ― 2　　　　2 品質と品質特性 ― 4
3 管理のサイクルと改善 ― 8

第2節　データの活用 ································· 10
1 データの取り方 ― 10　　　　2 データの表し方 ― 15
3 データの解析 ― 30

第3節　検　査 ····································· 35
1 検査の目的と方法 ― 35　　　2 全数検査と抜取検査 ― 37
3 検査と管理 ― 39

第4節　品質改善の進め方 ····························· 41
1 改善の進め方 ― 41　　　　　2 データ主義 ― 42
3 源流主義 ― 43

第5節　品質保証 ··································· 46
1 品質保証の意義と進め方 ― 46　　2 品質保証とクレーム処理 ― 50
3 製造物責任（PL）― 53

第6節　品質マネジメントシステム ····················· 56
1 品質マネジメントシステムの国際化 ― 56
2 ISO9000シリーズの構成 ― 58
3 品質マネジメントシステムの原則 ― 59
4 ISO9001：2015規格の構成 ― 60
5 PDCAサイクルと品質マネジメント ― 63

理解度チェック ····································· 64

第2章　原価管理 ·· 67

第1節　原価管理の基本的な考え方 ·· 68

1 原価管理の体系 ― 68　　**2** プランニングとコントロール ― 71

3 製品の開発・生産活動と製造原価 ― 73

第2節　原価の構成 ·· 81

1 製造原価と総原価 ― 81

2 材料費・労務費・経費（発生形態による分類）― 82

3 直接費・間接費（製品との関連による分類）― 83

4 固定費・変動費（操業度との関連による分類）― 84

5 製品開発から生産実施までの原価概念 ― 87

6 原価概念の整理 ― 89

第3節　原価計算 ·· 92

1 原価計算 ― 92　　**2** 実際原価計算 ― 98

3 標準原価計算 ― 102　　**4** 原価差異分析 ― 104

第4節　原価企画 ··· 109

1 原価企画の意義 ― 109

2 製品開発・設計工程と原価企画活動のフェーズ ― 117

3 目標原価 ― 121　　**4** 原価見積もり ― 124

第5節　原価低減 ··· 130

1 直接材料費の原価低減 ― 131　　**2** 直接労務費の原価低減 ― 133

3 直接経費の原価低減 ― 134　　**4** 間接費の原価低減 ― 135

理解度チェック ·· 137

第3章　納期管理 ·· 139

第1節　納期管理の考え方 ·· 140

1 納期管理の意義 ― 140　　**2** 顧客と納期遵守 ― 141

第2節　納期遅延の発生要因と対策 ·· 143

1 設計部門での要因と対策 ― 144　　**2** 生産計画部門での要因と対策 ― 144

3 資材部門での要因と対策 ― 148　　**4** 製造部門での要因と対策 ― 151

5 物流部門での要因と対策 ― 155

目次

第3節 納期管理の手法 ・・・・・・・・・・・・・・・・・・・・・・・・・ **157**
1 納期遅延・日程遅延の分析 ― 157　**2** 進捗管理の手法 ― 160

第4節 目で見る管理 ・・・・・・・・・・・・・・・・・・・・・・・・・・・・・・ **166**
1 生産計画・統制での目で見る管理 ― 167
2 資材・在庫・物流での目で見る管理 ― 168

理解度チェック ・・・・・・・・・・・・・・・・・・・・・・・・・・・・・・・・・・・・・ **170**

第4章　安全衛生管理 ・・・・・・・・・・・・・・・・・・・・・・・・ **173**

第1節 安衛法の概要 ・・・・・・・・・・・・・・・・・・・・・・・・・・・・・ **174**
1 安衛法の概要1（第1章〜第4章）― 174
2 安衛法の概要2（第5章〜第12章）― 176

第2節 安全衛生管理体制の構築等 ・・・・・・・・・・・・・ **178**
1 管理体制に関する法規制 ― 178　**2** 災害統計等 ― 180

第3節 物的安全化の基本 ・・・・・・・・・・・・・・・・・・・・・・・・ **182**
1 特定機械等の製造許可・検査など ― 182
2 安全装置等の具備 ― 183　**3** 定期自主検査 ― 184

第4節 人的安全化の基本 ・・・・・・・・・・・・・・・・・・・・・・・・ **185**
1 労働者の就業にあたっての措置 ― 185
2 5S活動の推進 ― 187

第5節 労働衛生管理 ・・・・・・・・・・・・・・・・・・・・・・・・・・・・・ **189**
1 労働衛生管理の基本 ― 189　**2** 職業性疾病の予防 ― 191

理解度チェック ・・・・・・・・・・・・・・・・・・・・・・・・・・・・・・・・・・・・・ **193**

第5章　環境管理 ・・・・・・・・・・・・・・・・・・・・・・・・・・・・・・ **197**

第1節 環境問題の歴史的経緯と環境基本法 ・・・・・ **198**
1 公害問題の始まり ― 198　**2** 高度経済成長期の公害問題 ― 199
3 公害対策の強化 ― 199　**4** 環境基本法と関連法規制 ― 200

第2節 公害防止対策 ・・・・・・・・・・・・・・・・・・・・・・・・・・・・・ **203**
1 大気汚染とその対策 ― 203　**2** 水質汚濁とその対策 ― 205
3 土壌汚染とその対策 ― 206　**4** 騒音・振動とその対策 ― 207
5 悪臭とその対策 ― 208

viii

第3節　工場・事業場における環境保全の取り組み ······················ 209

1 環境保全の維持と改善 — 209

2 環境改善のしくみと環境マネジメントシステム — 211

第4節　持続可能な開発目標 ··································· 214

1 世界的な環境問題への取り組み — 214

2 持続可能な開発目標（SDGs）とは — 215

3 SDGsの17のゴール — 216

理解度チェック ··· 219

第1章

品質管理

この章のねらい

　第1章では、生産の目的であるQCD〔Quality（品質）、Cost（コスト）、Delivery（納期)〕のうちのＱ＝品質を対象とした品質管理について学ぶ。わが国の品質管理は、戦後アメリカの指導のもと製造工程へ統計的方法を適用する統計的品質管理から始まり、QCサークル活動を中心に品質改善活動が展開された。その後、製造部門だけの品質改善活動では限界が見え、企業全体が品質管理に取り組むTQC（総合的品質管理）へ発展し、わが国の品質面での国際競争力を向上させた。さらにISO9000シリーズ認証取得やTQMへ展開され、製品サービスの品質から経営システムの総合的質の向上を目標としている。

　一方、品質管理はＱ＝品質の目標を達成するために４Ｍ〔Man（作業者）、Machine（設備）、Material（原材料）、Method（方法)〕を適切に設計し、効率的に運用していく活動であるということができる。効率的に運用できるシステムを設計するためには、統計的品質管理をはじめとする手法やISO9000シリーズに代表される品質保証の考え方を理解する必要がある。また、品質管理の実務で重要なのは、統計的品質管理としてのデータを活用した事実に基づく考え方である。これは、バラツキを容認し統計的に解析することであり、特性と要因の関係を解析し真の原因を追求することである。これらを理解し品質管理の目標である品質保証との関係を考えることとする。

第1章 ● 品質管理

第1節　品質管理の考え方

学習のポイント

◆品質管理は、顧客ニーズに合った品質またはサービスを経済的につくり出すための手段の体系である。

◆管理すべき対象として品質特性があり、管理の方法として管理のサイクル（PDCA）がある。

◆ユーザーの要求に合った品質を作るために各部門（設計部門、製造部門、資材購買部門、品質保証部門など）で目標を設定し管理する。

---

1 品質管理の意義

（1）品質管理の目的

　品質とは、「対象に本来備わっている特性の集まりが、要求事項を満たす程度」（JIS Q 9000：2015-3.6.2）と定義される。品質は、生産者が決定するものではなく、使用者の使用目的を満たしているかどうかが重要であり、顧客志向の考えが定着している。

　管理とは、「経営目的に沿って、人、物、金、情報など様々な資源を最適に計画し、運用し、統制する手続及びその活動」（JIS Z 8141：2022-1104））と定義される。

　品質管理とは、「品質要求事項を満たすことに焦点を合わせた品質マネジメントの一部」（JIS Q 9000：2015-3.3.7）と定義される。品質管理では、上記の品質を維持・向上させるための一連の活動を管理のサイクルを回すといい、計画（Plan）－実施（Do）－評価（Check）－対策（Act）とい

第1節 ● 品質管理の考え方

う流れで循環させる。品質管理の目的は、買い手の要求に合った品質を設計し、その品質の品物、サービスを経済的に作り出すことにある。オペレーションでは、後者の品物、サービスを経済的に作り出すことに重点があり、Qを達成するための手段である4M〔Man（作業者）、Machine（設備）、Material（原材料）、Method（方法）〕を効率的に管理していくことが重要である。

（2）統計的品質管理

　統計的品質管理は、データなどの客観的事実に基づいた管理を実現するために、統計的手法を品質に適用する管理活動である。わが国には、第2次世界大戦後の1946（昭和21）年ごろから、GHQ（連合軍総司令部）の指導のもと、デミング（W. E. Deming）などにより産業界に普及した。デミングは1950（昭和25）年に来日して統計的手法に関するセミナーを実施し、品質管理の基本的な考え方を指導した。

（3）総合的品質管理

　品質管理を効果的に実施するためには、製造などのモノ Key Word やサービスを直接産出している部門だけでなく、顧客の要求を的確に把握し、品質を設計し、製造し、販売し、さらにはアフターサービスも含めた製品のライフサイクル全体を対象とする必要がある。そのためには、経営者をはじめ従業員の全員が参加し協力する全社的な取り組みが必要である。このような取り組みを総合的品質管理（Total Quality Control：TQC）または全社的品質管理（Company-wide Quality Control：CWQC）という。1980年代から、総合的品質管理（TQC）を基盤とし

Key Word

　モノ──本書では「モノ」と「物」を使い分けている。「モノ」は3M（Man、Machine、Material）のMaterialを示すときに用い、「物」は機械・設備、原材料、補助材料およびエネルギーなどの資源を合わせて示すときに用いる。

第1章●品質管理

て経営活動全体を扱う TQM (Total Quality Management) が世界的に広がっている。

（4）企業経営と品質

　企業の目的は、いうまでもなく利益を上げることである。古くは、その結果として税金を払い社会に貢献するという考えが一般的であった。しかし、最近では企業の社会的責任 (Corporate Social Responsibility：CSR) の重要性が高まっている。CSRとは、持続可能な社会を目指すためには、企業も経済だけでなく社会や環境などの要素にも責任をもつべきであるという考えのもとに成立した概念である。

　製品やサービスの品質においても、社会的責任の重要性は高まってきており、製品のライフサイクル全体を通して品質を保証する必要がある。製品の安全性に対して製造物責任法 (Product Liability＝PL法) が整備され、製造業者等が、みずから製造、加工、輸入または一定の表示をし、引き渡した製造物の欠陥により他人の生命、身体または財産を侵害したときは、過失の有無にかかわらず、これによって生じた損害を賠償する責任があることが定められている。

2 品質と品質特性

（1）品質の分類

　品質を消費者、開発者、製造者の視点で分類すると以下のようになる。
① **要求品質**——顧客が要求する品質で「市場品質」とも呼ばれる。営業部門やマーケティング部門で市場調査などによって情報収集を行い、マーケットに適合した品質を把握する必要がある。
② **設計品質**——市場品質を自社内の技術、設備能力、コストや競合他社の品質水準などから生産する品質目標をどこに置くかを決める。「ねらいの品質」とも呼ばれる。
③ **製造品質**——設計品質をねらいとして生産する製品の実際の品質

4

で、「できばえの品質」「適合品質」とも呼ばれる。製品のバラツキを考慮した基準を設定し管理することが重要である。

最近では、これに加え社会的品質として、製品のライフサイクル全体にわたり環境や安全などへの影響も取り上げられるようになってきた。

顧客が要求する要求品質を網羅的に満たす品質を設計すると製造コストは上昇する。また、要求品質を高いレベルで満たしている製品やサービスは、価格を高く設定しても顧客は購入することもあるが、ある製品やサービスの機能に対して支払ってもよい価格には上限があり、販売価格を一定以上には高く設定できない。顧客の要求品質を網羅的に満たすのではなく、ターゲットを絞り製造コストを抑えることで、利益を最大とする設計品質を目指すのが理想である。→図表1-1-1

図表1-1-1●品質と価格・コスト

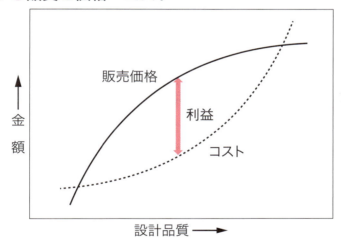

（2）品質特性

品質特性とは、「要求事項に関連する、対象に本来備わっている特性」（JIS Q 9000：2015-3.10.2）と定義される。品質は、図表1-1-2のように複数の品質特性で構成される。

また、品質特性は真の特性と代用特性に分けられる。真の特性は、顧客が要求している品質のことである。また、真の特性を直接測定するこ

図表1-1-2 ● 品質と品質特性

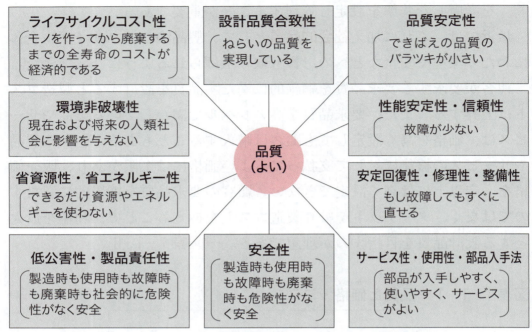

出所：佐々木脩・谷津進編『図解品質管理用語辞典』日刊工業新聞社

とが困難な場合に、その代わりに用いるものを**代用特性**という。たとえば、静かな（心地よい）動作音といった場合には、音の強さ、周波数などが代用特性となり、製造過程では代用特性を使って管理することになる。代用特性を管理することで使用目的を満たしているかどうかを判定するが、製造工程ではできる限り真の特性を把握して作業することが重要である。

また、上記のように静かな音といった人間の感性に依存する真の特性を**官能特性**といい、測定器などで直接測定することが難しく、人間の五感で真の特性を評価する場合もある。

(3) 部門と品質目標

品質またはサービスが、使用目的を満たしているかどうかを決定するための評価となる固有の性質・性能の全体を管理するための企業におけ

図表1-1-3 ●部門における品質

品質分類	内容	部門
品質目標	研究、開発に与える品質目標	研究、開発部門
品質標準	製造工程に与える品質の標準	開発部門
検査基準	検査に与える検査の判定基準	検査部門
保証品質	消費者に与える保証品質	販売部門

る品質水準は、社内の責任と権限から一般的に図表1-1-3の4種に分類される。

Ⅰ 品質目標
　顧客の要求や技術水準などを考慮して研究開発部門に設定される品質目標である。設計品質の目標と考えることができる。

Ⅱ 品質標準
　製造工程が、管理された状態において達成すべき品質の水準である。製造品質の管理すべき水準と考えることができる。

Ⅲ 検査基準
　検査工程が、製造品質の合否を判定するために用いる品質の水準である。

図表1-1-4 ●4種の品質水準

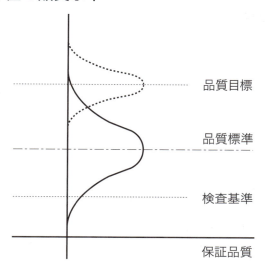

第1章●品質管理

Ⅳ　保証品質

消費者に示すべき品質の水準である。要求品質に対する品質規格ということもできる。→図表1-1-4

3　管理のサイクルと改善

（1）管理のサイクル（PDCA）

本節1で示したように、管理のサイクルを回すことは、品質やプロセス（工程）を管理する基本的なサイクルである。計画（Plan）－実施（Do）－評価（Check）－対策（Act）の頭文字を取ってPDCAサイクルともいう。

① 計画（Plan）——目標を設定し、目標を達成するために必要な方法・条件を立案する。

② 実施（Do）——計画に従って実行し、目標を達成するために活動（教育や訓練を含む）する。

③ 評価（Check）——実施した結果を把握し、計画で設定した目標との差異を評価する。

④ 対策（Act）——評価した差異の原因を調査し、対策を立案し、次の計画にフィードバックする。

（2）維持管理と改善

管理水準が目標値に達している場合は、Plan（計画）の代わりにStandardize（標準化）を使い、SDCAサイクルと呼ぶこともある。標準化とは、「設計、計画、業務、データベースなどで繰り返し共通に用いるために標準を設定し、標準に基づいて管理活動を行うこと」（JIS Z 8141：2022-1105 注釈1）と定義される。標準化は、無秩序で混乱した状態を避けるために、組織的に管理統制する行為である。

定義にある「設定した標準に基づいて管理活動を行うこと」は前述の管理のサイクルを、標準をよりどころとして回すことであり、業務を効率的に遂行するために重要となる。さらに管理のサイクルを回しつつ、

8

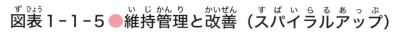

図表1-1-5 ●維持管理と改善（スパイラルアップ）

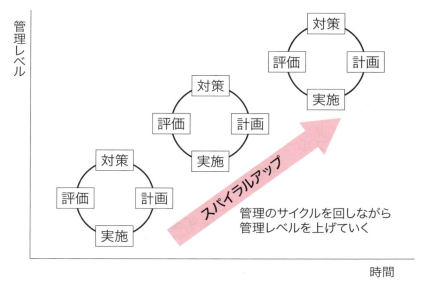

スパイラルアップさせることで改善を進めていくことが重要である。標準は一度設定したらよいというものではなく、常に改善を実施し標準そのもののレベルを上げていくべきものである。→図表1-1-5

第1章●品質管理

第2節 データの活用

学習のポイント

◆母集団とサンプル（試料）の関係を理解する。
◆目的が明確であり、その目的を達成できるデータの測定方法を理解する。
◆データを図表化する手法を理解する。
◆母集団の特性をとらえるデータの解析手法を理解する。

---

1 データの取り方

（1）データを取る意味

　品質管理における品質の維持・改善活動を効果的に行うためには、事実に基づいて行動することが求められる。事実を正しく把握し適切に判断するためには、データを収集して分析を行い、対策を立てる必要がある。経験や勘に頼るのではなく、事実としてのデータをさまざまな手法を用いて収集し、分析し、適切な対策を実施していくのが統計的な考え方である。

　生産において統計的な考え方が大切なのは、製造した製品の品質が常に一定ではなく、不適合品が発生するからである。すなわち、どんなに管理された生産工程で製造された製品であっても、製品の品質には必ずバラツキがある。しかし、正常に管理された生産工程では、そのバラツキには統計的な規則性がある。

　生産現場では、さまざまなデータが取られているが、どのような目的でデータを収集し記録するのかを明確にすることが重要である。データ

10

第2節●データの活用

を取る目的には、次に示すように、「品質、設備などのチェック」「原材料や製品などの検査」「現状把握や原因調査・分析、改善効果の確認」などがある。よいデータとは、目的が明確であり、その目的を達成できる測定条件とデータの質が満足できるものといえる。

○日常管理のためにデータを取る→品質、設備などのチェック

○検査のためにデータを取る→受入検査、工程検査、製品検査など

○改善のためにデータを取る→現状把握、原因調査・分析、改善効果の確認

（2）母集団とサンプル

ネジの受入検査の場合を考えよう。製造されたネジの中からサンプルを取り、それらの寸法を測定し、その結果からネジの**ロット**（製造単位）の全体が合格かどうか判断する。**図表1-2-1**に示すように、工程で生産されるモノ全体またはその中の1つのロットを**母集団**と呼び、母集団からその一部を取り出したものを**サンプル、試料、標本**などという。母集団には有限母集団と無限母集団がある。**有限母集団**は、ロットなど1つの有限の要素の集まりで、**無限母集団**は、製造工程などの連続的に製品が製造される無限の要素の集まりである。有限母集団の大きさN、サンプルの大きさnとした場合には、n/Nが小さい場合には、$\sqrt{1-n/N} \fallingdotseq 1$となり、近似的に無限母集団として取り扱うことがある。

○母集団——調査研究の対象となる特性をもつすべての要素の集まり、調査・処置の対象になっている品物あるいは特性の集まり

○有限母集団——母集団の大きさが有限である母集団

○無限母集団——母集団の大きさが無限大であると考えられる母集団

製品の品質を常に一定に維持するためには、データを分析（予測）し、製造工程（母集団）の状況を知る必要がある。母集団からサンプルを抜き取り、そのサンプルの情報から母集団の工程平均・分散や品質などを推定する。すなわち、統計的推定はサンプルをもとにして、母集団を推測することであり、その結果に基づいて管理・検査し、必要に応じて改

第1章 ● 品質管理

図表1-2-1 ● 母集団とサンプル

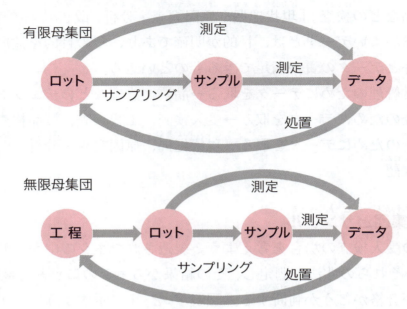

善などの処置をとることになる。

（3）計量値と計数値

品質管理で用いられるデータは、計量値と計数値の2つに分けられる。計量値とは、長さ、温度、重さなど測定値として得られる値であり、ある区間内の任意の値を取りうる連続確率変数 Key Word で表されるデータである。一方、計数値とは、事故数、不適合品数、件数など個数として数えられる値であり、離散確率変数 Key Word で表されるデータである。計量値と計数値の例としては、以下のようなものがある。同じ数字データとして得られる計量値と計数値であっても、そのデータの性質が異なるため、統計的な処理方法も異なるので、注意が必要である。計量値のデータの場合には、多くが正規分布 Key Word に従うのに対して、計数値のデータの場合には、二項分布やポアソン分布などに従うことになる。

○計量値──製品の寸法（mm）、重さ（g）、原材料の温度（℃）、含有率（％）、時間（秒）

○計数値——キズの個数（個）、1ヵ月の故障件数（回）、不適合品の数（個）、不適合品率（％）

（4）サンプルの取り方

　生産される製品またはロットの中から、いくつかのサンプルを抜き取り、寸法や重さなどの品質特性を測定する作業が行われる。サンプルからのデータをもとに、製造工程（母集団）を推測することを考えると、サンプルの取り方が非常に重要となる。

　母集団から試料として、いくつかを抜き取る作業を**サンプリング**という。同じ原材料、同じ機械で製造した製品であったとしても、品質特性は常に変動している。したがって、特定の場所や位置の製品のみを偏ってサンプリングしたり、できのよさそうなものを選んでサンプリングすると、母集団の特性を正しく推測することはできない。試料の数の決定は統計的な検討が必要だが、ここでは省略する。

　母集団の性質を正しく推測するには、製品、原材料を無作為にサンプルを取る**ランダムサンプリング**を行う。ランダムサンプリングを行うには、以下の方法をとる。

① 乱数表や乱数サイなどを用いて抜き取るサンプルを決める
② 混ぜ合わせが可能なものは、十分に混ぜ合わせてからサンプルを抜き取る

Key Word

確率変数——実験や測定などを同じ条件下で繰り返すことにより、起こりうる事象を数値（確率）で表したものを確率変数という。確率変数のとることのできる値が$-\infty$から$+\infty$であり、実数で連続な場合を連続確率変数という。それに対して、確率変数のとることのできる値が有限個（個数、人数など整数で表すことのできる）の場合を離散確率変数という。

正規分布——母集団の平均μと標準偏差σに従う分布であり、平均を中心に左右対称の釣鐘型をしている。統計的方法では、正規分布は多くの場面で利用されており、偶然に発生する誤差は正規分布になるといわれている。

(5) チェックシート

チェックシートは、日常管理における定期検査や日常検査などで簡単にチェックできるように作成された記録用紙である。製造現場では、作業を行いながら複数の項目をチェックし記録できるものが求められる。そのため、チェックシートは単票で構成されていることが望ましく、また検査の目的やチェック項目が明確でなければならない。

図表1-2-2は、設備点検用のチェックシートの一例であり、作業標準などで決められた点検項目を確実にチェックできるようになっている定性的なチェックシートである。また、図表1-2-3は、衣類の製造における不適合項目を記録するチェックシートの一例である。用紙にはチェックする項目、日付・曜日、調査期間、調査員名などが記入されており、1週間1シートとなっている。チェックシートを用いて、定量的なデータを収集することで、1週間で最も多い不適合項目は、"縫製"、"ボタン取り付け"であることがわかる。また、週末の金曜日と土曜日に不適合品が多く発生する傾向が見られる。チェックシートによる調査結果から、縫製の不適合の詳細や週末の不適合品発生の原因等を調査し、作業方法の改善などの対策を検討することになる。

図表1-2-2●定性的なチェックシートの例

集じん装置点検チェックシート　(　　月度)　　××課○○係（点検責任者）　㊞

重要度	点検項目　日付	1	2	3	4	5	6		23	24	25	26	27	28	29	30	31	連絡事項
A	メタル油量はよいか																	
A	メタル発熱はないか																	
B	異音はしてないか																	
A	吸引はよいか																	
B	安全カバーの状態はよいか																	
B	Vベルトの摩耗はないか																	
A	場外に粉じんは飛んでないか																	

（記入要項）

A：始業時/日
B：1回/月
正　常 — ○
要検査 — △
異　常 — ×

日付	保全・故障・修理　明細	工数

（機械担当）

（班長）

（課長）

第2節 ● データの活用

図表1-2-3 ● 定量的データを収集するチェックシートの例

衣類の不適合項目チェックシート								
品　目：				期　間：　月　日〜　月　日 検査員：				
日付　曜日 項目	1 月	2 火	3 水	4 木	5 金	6 土	7 日	計
縫　製	//	/	/	//	////	正	/	16
裁　断	/	//	/	/	///	///	//	13
汚れ・シミ	/			/	//	//	//	8
キ　ズ	/			/	/	/		4
ボタン取り付け		/	/	//	///	正		14
ほつれ								11
その他	/			//		//		9
計	7	6	7	10	16	21	8	75

2　データの表し方

（1）ヒストグラムの作成と見方
Ⅰ　ヒストグラムの作成方法

　母集団の性質であるデータの中心位置やバラツキの状態（分布）を視覚的に把握するためにヒストグラム（度数分布図）が用いられる。ヒストグラムは、製品品質の分布の状態や、製品の規格との関係を把握することに適している。ヒストグラムの作り方の手順を説明する。

① データ数を数える。データ数は、100個以上は必要である。やむを得ない場合には50個程度でも可能である。

② 全体データから最大値、最小値を求め範囲（R）を次式により求める。範囲（R）＝最大値−最小値

③ 階級の数（棒グラフの数）はデータ数から5から20の範囲で決める。階級の数の目安は図表1-2-4のとおりである。

④ 範囲（R）を階級の数で割り、おおよその区間幅を算出する。

⑤ 区間の境界値を決める。一般にデータの読みの最小けたの2分の1だけの端数のついた値を境界値とする。

15

第1章●品質管理

図表1-2-4●データの数と階級の数

データの数（N）	階級の数
50未満	5～7
50～100	6～10
100～250	7～12
250以上	10～20

　図表1-2-5に示した製品の重さを測定したデータをもとに、ヒストグラムを作成する。

　ここでは、データ数（N）＝100、最大値＝230、最小値＝181、範囲（R）＝49なので、階級の数を10、階級の幅を5（49÷10＝4.9　切り上げて

図表1-2-5●製品の重さ（g）

189	201	198	205	200
204	207	195	230	202
200	196	200	203	195
189	205	207	198	210
205	197	205	198	201
197	191	202	203	196
202	205	197	198	215
195	200	183	206	197
215	197	196	204	200
201	198	205	187	191
200	215	195	218	193
215	200	191	203	211
198	203	198	205	204
196	205	195	189	201
205	211	195	181	204
209	198	200	212	196
203	198	207	193	211
201	195	200	225	188
203	197	208	202	200
190	203	204	198	195

5）とする。図表1-2-6に示すような表を作成しデータの度数をカウントする。これを度数分布表という。度数分布表にまとめられたデータをヒストグラムにしたものを図表1-2-7に示す。

図表1-2-6●度数分布表

区　　間	マーク	度　数
180.5 － 185.5	//	2
185.5 － 190.5	〧 /	6
190.5 － 195.5	〧 〧 ///	13
195.5 － 200.5	〧 〧 〧 〧 〧 〧 /	31
200.5 － 205.5	〧 〧 〧 〧 〧 〧	30
205.5 － 210.5	〧 //	7
210.5 － 215.5	〧 ///	8
215.5 － 220.5	/	1
220.5 － 225.5	/	1
225.5 － 230.5	/	1
合　　計		100

図表1-2-7●ヒストグラム

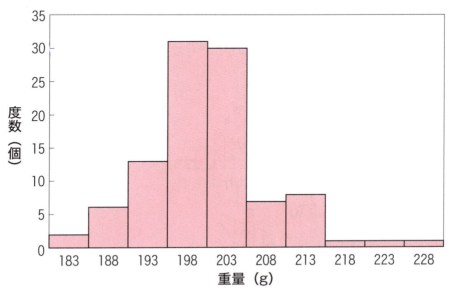

Ⅱ　ヒストグラムの見方

　図表1-2-7のヒストグラムからの情報として、200ｇ前後が最も多く、181～230ｇの範囲にバラツキが出ていることがわかる。

　一般的には、安定した工程からのデータで作成されたヒストグラムの分布の形は、中央ほど高く左右対称の釣鐘型をしている。しかし、図表1-2-8に示すように異常が疑われるヒストグラムが出てくることがある。(a)は正常な分布である。(b)および(c)は、分布が左右に偏りがあり、理論的に下限または上限にデータがあり得ない場合に見られる。(d)は、2つのロットが混合している場合や別の機械やラインで製造された製品が混ざっている場合に見られる。(e)は、前工程などで規格値（下限）以下のものを選別した場合に見られる。(f)は、規格外れを手直ししたり、データを偽って報告した場合に見られる。(g)は、離れた場

図表1-2-8●ヒストグラムの例

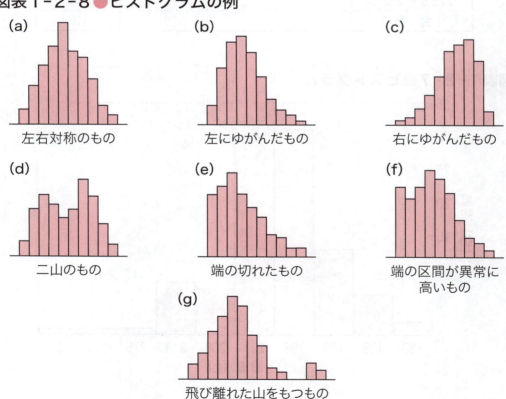

図表1-2-9 ●規格値とヒストグラムの関係

a）規格を満足する場合の例

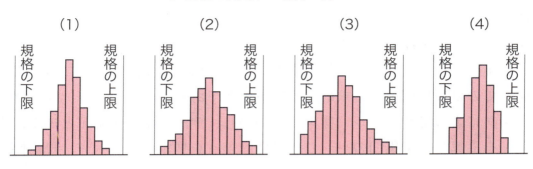

b）規格を満足しない場合の例

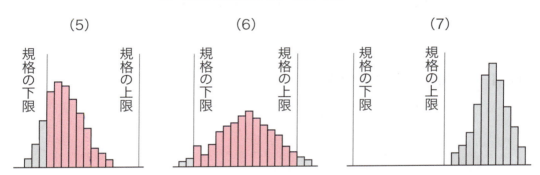

所に2つの山があり、工程の異常や測定ミスなどが考えられる。

また、ヒストグラムが規格に対して、どのような分布をしているのかを確認するために、規格値をヒストグラムに書き込んでみるとよい。→ 図表1-2-9

(1)、(2)、(3)および(4)はいずれも規格を満足している。ただし、(2)および(3)は規格に対して余裕がないので注意が必要である。(5)および(7)は、平均値を規格の中心に近づけるような処置が必要である。(5)の場合はバラツキを小さくすることも必要である。(6)は、バラツキを小さくする処置が必要である。

(2) 分布の数量化

ヒストグラムにより、**母集団の分布**（中心的傾向とバラツキの大きさ

19

などの状態）を視覚的に把握することができる。しかし、分布に関するより正確で客観的な情報は、その特徴を数量的に示すことが必要である。ここでは、ヒストグラムの中心的位置を表す指標と、分布の広がりを表すバラツキの指標を説明する。

　母集団に含まれる事象の数が膨大な場合には、母集団の特性についてすべての事象を測定して求めるのは不可能である。したがって、サンプリングによってサンプル（標本）を抽出し、データから平均 $\bar{x}$ と標準偏差 s を計算し、母集団の平均 μ と標準偏差 σ を推定する。一方、母集団に含まれる事象のすべてを測定することができれば、サンプル（標本）のデータから計算された $\bar{x}$ と s は母集団の μ と σ とは等しくなる。→図表1-2-10

図表1-2-10 ● 母集団と標本

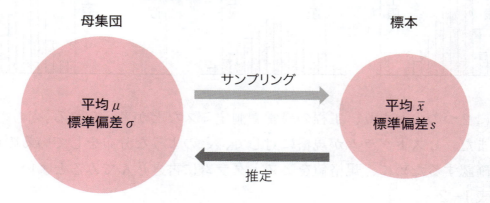

Ⅰ　分布の中心的位置

　一般的に分布の中心的な位置を表すものに平均値があるが、データの大きい順に並べたときの中央となる中央値（メディアン）やヒストグラムで度数が最も多い階級値である最頻値（モード）などもある。どの指標を採用するのかは、データ数、簡便性、分布のバラツキ具合などを考慮して決める。

　ある製品10個の重さ（g）のデータ〔5、10、15、15、20、25、25、

25、30、30〕を用いて、平均値、中央値、最頻値を解説する。

○**平均値**——ある母集団からn個の標本をとり、その値をx_1、$x_2 \cdots$、x_nで表すとき、標本の平均値$\bar{x}$は以下で与えられる。これを、算術平均あるいは単に平均と呼ぶ。

$$\bar{x} = \frac{1}{n}\sum_{i=1}^{n} x_i = \frac{5+10+\cdots+30}{10} = 20$$

○**中央値（メディアン）Me**——1組の測定値をソートし、その中央にある値（偶数の場合は中央2値の平均）。

$$中央値 \quad Me = \frac{20+25}{2} = 22.5$$

○**最頻値（モード）Mo**——1組の測定値で最も度数の大きい値。

$$モード \quad Mo = 25$$

Ⅱ　分布のバラツキ

分布のバラツキを表す数量的な指標には、範囲（R）、平方和（S）、分散（V）、標準偏差（s）などがある。ある製品5個の寸法（mm）のデータ〔4、5、6、7、8〕を用いて、範囲、平方和、分散、標準偏差を解説する。

○**範囲（レンジ）R**——1組の測定値で最大値と最小値の差で求められ、計算が簡単で容易に求められる。

$$R = x_{max} - x_{min} = 8 - 4 = 4$$

○**平方和**——平方和（S）は、図表1-2-11に示すように平均からの偏差（各データの平均からの距離）を算出したものである。個々のデータと平均の距離の合計を求めるが、負の値をキャンセルするために絶対値を用いるのではなく、数学的に扱いが容易な平方（2乗）を用いる。

$$S = (x_1-\overline{x})^2 + (x_2-\overline{x})^2 + \cdots\cdots + (x_n-\overline{x})^2$$
$$= \sum_{i=1}^{n}(x_i-\overline{x})^2$$
$$S = (4-6)^2 + (5-6)^2 + (6-6)^2 + (7-6)^2 + (8-6)^2$$
$$= 4+1+0+1+4 = 10$$

図表1-2-11●平均からの偏差

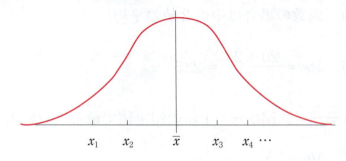

○**分散**──偏差平方和をデータ数で割り、データ1個当たりの平均からの距離を求めたものである。母集団そのものの分散である**母分散**（σ^2）（有限母集団ですべてのデータを対象に求めた分散）と、母集団から取られた標本から計算し、統計的推論に用いる分散である**標本分散**（$V=s^2$）（無限母集団を対象とする場合）がある。Vは母分散の**不偏推定量** Key Word であることから不偏分散と呼ぶこともある。下記の標本分散（V）式の分母 $n-1$ を自由度（degree of freedom）と呼び、標本分散は平方和を自由度で割った値となる。

母分散 σ^2
$$\sigma^2 = \frac{S}{n} = \frac{1}{n}\sum_{i=1}^{n}(x_i-\overline{x})^2 \qquad (\overline{x}=\mu)$$

Key Word
不偏推定量──標本から計算された推定値が母集団の値と一致するような推定量。

標本分散 $V = s^2$

$$V = \frac{S}{n-1} = \frac{1}{n-1} \sum_{i=1}^{n} (x_i - \bar{x})^2$$

$$= \frac{10}{5-1} = 2.5$$

○**標準偏差**——分散は、個々のデータと平均との距離が2乗されている。したがって、平方根を取ることで、元の測定値の単位と等しくする。分散同様に標準偏差には**母標準偏差**と**標本標準偏差**がある（→前掲図表1-2-10）。図表1-2-12に示すように、標準偏差の値が大きいほど、分布が広くデータが中心から離れており、ばらついていることを意味している。

母標準偏差 σ

$$\sigma = \sqrt{\frac{S}{n}} = \sqrt{\frac{1}{n} \sum_{i=1}^{n} (x_i - \bar{x})^2} \qquad (\bar{x} = \mu)$$

標本標準偏差 s

$$s = \sqrt{V} = \sqrt{\frac{S}{n-1}} = \sqrt{\frac{1}{n-1} \sum_{i=1}^{n} (x_i - \bar{x})^2}$$

$$= \sqrt{2.5} \fallingdotseq 1.58$$

図表1-2-12 ●標準偏差の意味

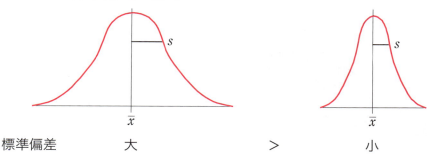

(3) グラフの作成と見方

グラフは、数字、文字、言葉のデータを1つの法則に従って整理し、そのデータのもつ意味を視覚的に図にしたものである。データを取ったら、まずグラフ化して見ることにより、そのデータが示すおおまかな意味を知ることができ、さらなる分析につながる。

図表1-2-13●グラフの例

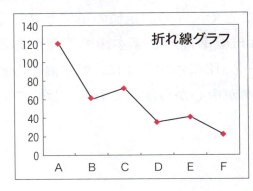
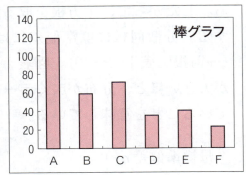
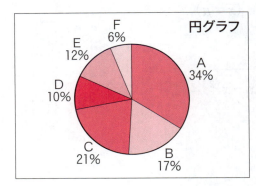
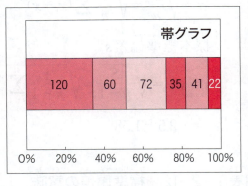
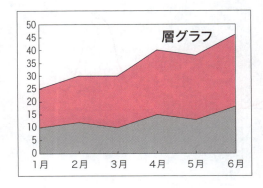
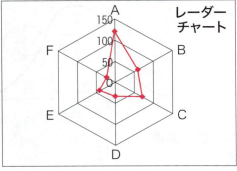

第2節 ● データの活用

　一般的なグラフには、折れ線グラフ、棒グラフ、円グラフ、帯グラフ、層グラフ、レーダーチャートなどがある。→図表1-2-13
　図表1-2-14にグラフの種類とその目的、見方を示す。折れ線グラフは温度や圧力などの時系列変化、棒グラフは項目間の比較や数量の変化などを見ることに適している。また、円グラフと帯グラフは各項目の数量の比較や全体に対する各項目の内訳を見ることに適している。層グラフは変化と内訳を同時に見ることができる。レーダーチャートは全体に対して各項目のバランスを見ることに適している。

図表1-2-14 ● グラフの種類と目的

種　類	グラフの目的と見方	適応事例
折れ線グラフ	時系列の推移を点と線で結んだグラフ。変化を線の変動で見る。	日内の温度変化
棒グラフ	各項目の量を棒で表し、項目間の比較や数量の変化を棒の高さで見る。	毎月の生産量や不適合品数の比較
円グラフ	円を扇型に区切って項目内の内訳を表す。全体に対する内訳や構成比率を扇の大きさで比較する。	発生した不適合項目の比較
帯グラフ	項目の帯を区切って項目の内訳を表す。全体に対する内訳や構成比率を帯の大きさで比較する。	改善前後の不具合箇所の変化
層グラフ	時間の経過による変化とその項目内訳を積み重ねて層に表す。変化と内訳を層の変化で見る。	製品の売上げ構成の時系列変化
レーダーチャート	放射線上の軸上に項目ごとの値をプロットした点を線で結び表す。各項目のバランスを見る。	製品のデザイン評価

（4）パレート図の作成と見方

　パレート図は、不適合品数や不適合数、不具合などの計数データから、その状況別や原因別などに層別して、分析するために用いられる。パレート図は、横軸に層別（→本節3（1））した項目を取り、その発生頻度（度数）の多い順に並べるものであり、さらに発生頻度（度数）の累積値

第1章●品質管理

を折れ線グラフで示す。

　不適合品発生の原因はたくさんあるが、主な原因となっているものは、そう多くはない。パレート図からは、状況や原因を分析することができる。図表1-2-15は、ある製品を検査したところ、不適合品として判断されたデータである。各不適合項目の個数を数え、その個数から累積個数、割合（個数÷個数の合計×100）、累積割合（割合の累積）を算出したものである。

図表1-2-15●不適合品数

不適合項目	個　数	累積個数	割合（%）	累積割合（%）
キ　ズ	84	84	47.5	47.5
歪　み	51	135	28.8	76.3
厚　み	23	158	13.0	89.3
色むら	10	168	5.6	94.9
異物入	6	174	3.4	98.3
その他	3	177	1.7	100.0
合　計	177		100.0	

　図表1-2-15の各不適合項目の個数および累積割合をグラフ用紙に記入したものが、図表1-2-16のパレート図である。このパレート図を見ると、第1位の項目の「キズ」は全体の47.5%であり、このキズの発生原因を調査し、改善によりなくすことができれば、不適合品を半分にすることができる。第5位の「異物入（ホコリなどの異物の混入）」を防ぐために改善したとしても、全体の3.4%程度の不適合品を減らすことしかできない。なお、不適合品数の割合が低い不適合項目であったとしても、容易に改善できるものは対処することはいうまでもない。パレート図は、改善を行う重点項目を決めることや、改善後にどの程度の効果（各不適合項目の個数が減ったか）があったのかなどを知る場合に有用である。

26

図表1-2-16●パレート図

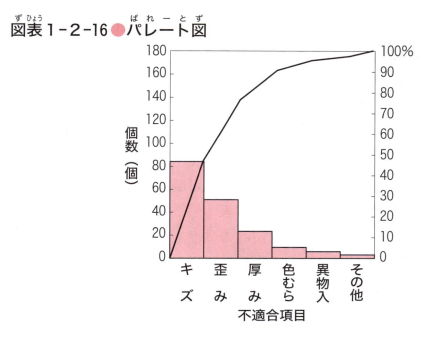

（5）散布図の作成と見方

　ある製品の品質特性として、21N/mm^{2}以上の強度が必要である。製品の強度の分布と規格値下限のものがないのかを確認するために、図表1-2-17に示すヒストグラムを作成した。その結果、強度45.5N/mm^{2}を中

図表1-2-17●製品の強度のヒストグラム

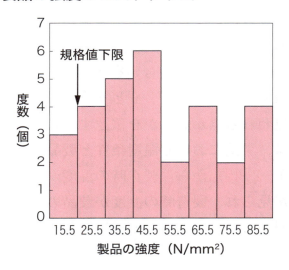

心とした左右対称の分布になっておらず、分布に偏りが見られた。また、規格値下限を下回る製品が3個あることがわかった。製品の強度に影響を与える要因を調査した結果、製造時の温度が関係しているのではないのかとの推測をして、製造時の温度と製品の強度との関係を見るために、散布図を作成することとした。

　図表1-2-18に示したデータは製造の温度 x（℃）と製品の強度 y（N/mm²）を測定した結果である。製造の温度 x と製品の強度 y の関係をプロットしたものを散布図といいこれを図表1-2-19に示す。この散布図を見ると、製造の温度が高くなると製品の強度も強くなるという傾向が見られる。このように x の連続的な変化に対応して y も連続的に変化する傾向がある場合には、 x と y の間に相関があるという。

　 x の値が増えるに従い y の値が増える傾向にある場合を正の相関があるといい、 x の値が増えるに従い y の値が減っていく傾向にある場合を負の相関があるという。図表1-2-20の(a)は、 x の値が増えるに従い y の値が直線的に大きくなる場合、両者には正の相関関係があると考えられる。(b)は、 x の値が増えても y の値に影響を与えないので、両者に相関がない。(c)は、 x の値が増えるに従い y の値が直線的に小さくなっており、両者には負の相関関係があると考えられる。また、(d)は、2つのロットが混合している場合など異質なデータが混ざっている場合に見られる。この場合には、ロット別や機械別などでデータを層別して散布図を作成する。

　2つの測定値（ x, y）の関係の度合いを数量的に表すものに相関係数があるが、まずは散布図を作成して、 x と y に直線的な関係はないか、飛び離れた異常と思われる点がないかを確認する必要がある。

　今回の事例では、製造における温度条件と製品の強度との関係を示した散布図（図表1-2-19）から、製造時の温度が高くなると製品の強度も強くなる傾向が見られ、製造時の温度が製品の強度に影響があると思われる。さらに製造時の最適温度などを検討し、製造時の温度管理などの改善を行うことになる。これまで作業量に対し、製造時の温度測定の

図表1-2-18 ●製造の温度xと製品の強度y

No.	x	y	No.	x	y	No.	x	y
1	49	33	11	93	87	21	61	57
2	60	26	12	63	40	22	63	50
3	54	61	13	39	12	23	82	69
4	65	48	14	29	14	24	63	90
5	52	39	15	51	71	25	71	75
6	49	21	16	65	34	26	74	52
7	34	29	17	40	41	27	73	67
8	69	90	18	87	65	28	70	55
9	86	49	19	34	19	29	82	85
10	48	38	20	54	28	30	86	50

図表1-2-19 ●散布図

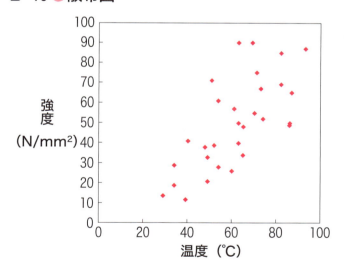

必要性や方法について十分な説明が行われていなかったため、製造時の温度管理を標準化し、改善を行った。そして改善後の効果を確認するために、製品の強度のヒストグラムを作成した（→図表1-2-21）。その結果、強度45.5N/mm²を中心とした左右対称の分布となり、また規格値下限を下回る製品がなくなり、製造工程が改善されたことが確認できる。

図表1-2-20●散布図（2変数間の関係）

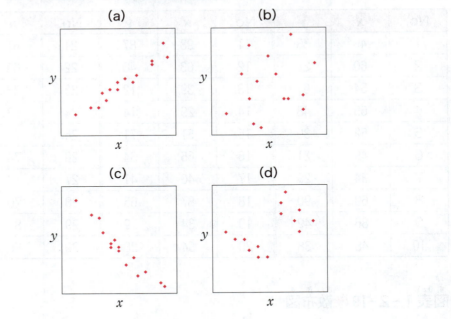

図表1-2-21●製品の強度のヒストグラム（改善後）

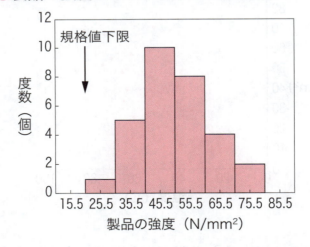

3 データの解析

（1）層別

製造した製品の品質のバラツキには、複数の原因が重なり合っている。

たとえば、原材料の違い、加工した機械の違い、作業員の違い（熟練工と非熟練工）、作業時間（午前・午後・夕方）の違いなどがバラツキの原因となることがある。いくつもの原因が重なり合ってできた製品から、単にデータを取り、解析したとしても有用な情報は得られない。製造した製品を何らかの要因（バラツキの原因）ごとに層に分けて調べると、有用な情報が得られることがある。このように層に分けることを層別という。目的とする特性に関して、層内がより均一になるように層を設定する。この層別という処理は、ヒストグラム、パレート図、散布図などの手法に合わせて活用される。層別の対象となる項目には以下のようなものがある。

○時間別——時間、日、午前・午後、昼・夜、作業開始直後・終了直前、曜日、週、旬、月、季節別

○作業者別——個人、年齢、経験年数、男・女、組、直、新・旧別

○機械・設備別——機種、号機、形式、性能、新・旧、工場、ライン、治工具、金型、ダイス別

○作業方法・作業条件別——ラインスピード、作業方法、作業場所、ロット、サンプリング、温度、圧力、速度、回転数、気温、湿度、天候、方式別

○原材料別——メーカー、購入先、産地、銘柄、購入時期、受け入れロット、製造ロット、成分、サイズ、部品、貯蔵期間、貯蔵場所別

○測定別——測定器、測定者、測定方法別

○検査別——検査員、検査場所、検査方法別

○環境・天候別——気温、湿度、晴・曇・雨・雪、雨期・乾期、照明別

○その他——新製品・従来品、初物・継続品、適合品・不適合品、包装、運搬方法別

　ある製品の不適合品の発生状況を把握するために、図表1-2-22に示すヒストグラムを作成した。不適合品数が0～9と広く分布していることがわかった。さらに調査した結果、A機械とB機械の2つの機械で加工された製品が混ざっていることが判明した。→図表1-2-23

第1章 ● 品質管理

図表1-2-22 ● ヒストグラム（機械A、Bの層別なし）

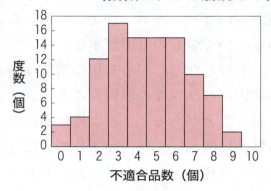

図表1-2-23 ● 不適合品発生の度数表

不適合品の個数	層別しない 度数	層別した 度数（機械A）	度数（機械B）
0	3	3	0
1	4	4	0
2	12	11	1
3	17	14	3
4	15	9	6
5	15	5	10
6	15	3	12
7	10	1	9
8	7	0	7
9	2	0	2
10	0	0	0
合計	100	50	50

　そこで、機械Aと機械Bを層別したヒストグラムを作成した（→図表1-2-24）。この層別した2つのヒストグラムを比較すると、機械Bで加工したほうが機械Aで加工したよりも、不適合品数の発生が多いことがわかる。なぜ機械Bは不適合品数が多いのかを調査して、適切に処置し改善することが必要である。

図表１－２－24 ●機械Ａと機械Ｂを層別したヒストグラム

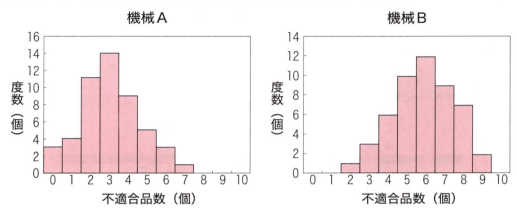

（２）特性要因図

　特性要因図は、特性（結果）に対して要因（原因）がどのように影響しているのかを系統的に示したもので、その形が魚の骨に似ていることから、**魚の骨**とも呼ばれている。問題の因果関係を整理し原因を追求する目的に使用する。生産における特性には、生産性、品質、コスト、数量や納期、士気、安全性、環境などがある。これらは仕事の結果として現れてくるため仕事の結果と同一視することができる。一方、要因とは、仕事の結果をもたらす主な原因と考えることができる。生産における仕事の結果の要因には作業者（Man）、設備（Machine）、原材料（Material）、方法（Method）があり、これは**生産の４Ｍ**と呼ばれている。

　図表１－２－25に特性要因図の一例を示す。特性要因図は解決すべき特性を横線の右に書き込む。この横線を中心に、両側に斜めに線を引き、その特性に関連する要因を記入する。以下に作成手順を示す。

〈作成手順〉
① 特性（問題点）を決める
② 主軸を横線の右方向に矢印で書き、特性を記入する。特性は四角で囲む
③ 各要因を大枝で書き、四角で囲む（大枝は４～８個くらいが適当）

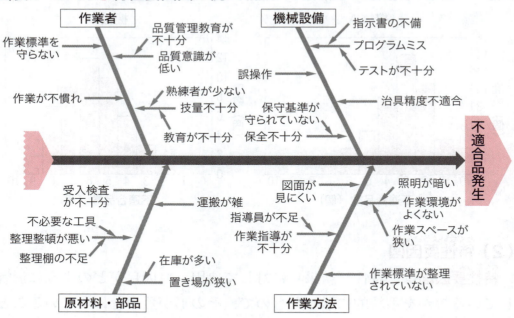

図表1-2-25 特性要因図の例

④ さらに要因を中枝、小枝で書き込む
⑤ 記入もれがないかチェックする
⑥ 主原因を検討し、色づけなどを行い抽出する

　特性要因図を作成するときには、現場を十分に熟知している者が必要であり、1人で作成するのではなく、その仕事に携わっている者が全員参加することが望ましい。また、思いついたことはどんなささいなことでも、意見を出し合うことがよい。そのためには**ブレインストーミング**やブレインライティングなどが活用される。また、一度作成したものでも、皆で何度も書き直しを行い、修正を加えながら原因究明の役に立つものに仕上げることが重要である。

> **Key Word**
> ブレインストーミング──ブレイン（brain）は頭脳、ストーミング（storming）は嵐の意味である。複数の人が集まって自由に意見やアイデアを出し合う会議であり、「嵐を起こす」ように斬新で多様な意見やアイデアを出すことができる。

第3節●検 査

第3節 | 検 査

学習のポイント

◆検査の目的である顧客や次工程に対する品質保証の考え方について理解する。

◆検査の方法について生産過程、検査個数、検査の内容による分類を理解する。

◆検査情報とフィードバックについて理解する。

1 検査の目的と方法

（1）検査の目的

検査とは、「適切な測定、試験、又はゲージ合せを伴った、観測及び判定による適合性評価」（JIS Z 8101-2：2015-4.1.2）と定義される。

検査は、単なる試験や測定ではなく、要求事項に適合しているかどうかを判定することにより、顧客や次工程に不適合品を流出させない活動である。

上記のように、顧客や次工程に対する品質保証が検査の目的であるが、検査データにより品質のバラツキを把握することで不適合の原因を除去し、製造工程の改善を行い、品質の向上と生産の安定化を図るための情報を提供することも検査の重要な目的である。

（2）検査の方法

検査の種類には、企業の基本的なビジネスプロセスである調達・生産・販売の各段階で実施される受入検査、工程検査、最終検査がある。さら

35

に、検査個数から、検査ロットのすべてを対象とする全数検査、検査ロットの中から、あらかじめ定められた方式に従ってサンプルを抜き取って行う抜取検査に分類される。また、検査の内容によって、製品を破壊しないと測定できない破壊検査と、製品を破壊しなくても測定可能な非破壊検査とに分類される。

（3）生産過程に対応する検査

Ⅰ　受入検査

受入検査とは、「物品を受け入れる段階で、受入の可否を一定の基準の下で行う検査。注釈1　外部から購入する場合の検査を購入検査という」（JIS Z 8141：2022-7214）と定義される。

　購入した原材料や外注品の受け入れの際に行われ、受け入れた物品が原因で起こる生産段階での不適合品の発生を防止するために行われる。言い換えると、次工程である生産段階への品質保証活動である。また、検査データにより外注や協力工場の品質上の能力を把握することで、品質改善に対する指導・育成に活用する。さらに外注や協力工場の品質レベルに応じて検査の方式を緩くしたり（最も緩い検査は無検査）、きつい検査にするなどの調整をすることで、外注や協力工場の品質意識を高める効果も期待できる。

Ⅱ　工程検査

工程検査とは、「工程の適切な段階で行う、工程パラメータ、又は結果としての製品特性の検査」（JIS Z 8101-2：2015-4.1.13）と定義され、中間検査ともいわれる。

　通常、製造工程は複数で編成されている。工程検査は、次工程に対する品質保証が目的である。前工程で製造した半製品が不適合品の場合は、それ以降に加工された半製品も不適合品となる。後工程にいくほど、付加価値が高められていくことから不適合品となった場合の損失も増加する。したがって、なるべく源流の工程で不適合品が除去されることが望ましい。また、検査データを活用することで、自工程の品質向上を目指

すことも重要である。
Ⅲ　最終検査
　最終検査は、出荷検査あるいは製品検査とも呼ばれ、でき上がった品物が、製品として要求事項を満足しているかどうかを判定するために行う検査である。最終検査は、顧客に対する品質保証が目的である。検査は製品の特性に関するものはもちろん、保守部品、取扱説明書、包装なども含んでいる。同時に検査データを用いて製品の品質向上を目指す活動も含まれている。→図表1-3-1

図表1-3-1●生産過程と検査

2　全数検査と抜取検査

　全数検査は、検査ロットのすべてを対象とし、**抜取検査**は、検査ロットの中から、あらかじめ定められた方式に従ってサンプルを抜き取って行う検査方法である。製造工程の管理レベルや検査の性質、経済性などから適用する方法を決定する。
　全数検査は、すべての製品をチェックするが、必ずしも全製品が適合品であることを保証することはできない。人手に頼った検査では検査ミスが発生し、不適合品が０％であることを保証するためには反復して検査する必要があり、検査コストが増加する。また、製品を破壊しないとできない強度の検査などの破壊検査では全数検査は不可能である。一方、抜取検査は、確率的に不適合品の混入を容認する方式であり、不適合品が０％であることを保証することはできない。どちらの方法であっても検査の主体が人間である場合は、検査ミスが発生することを考慮する必

第1章 ●品質管理

要があり、保証の精度を上げるためには、検査を機械化し自動検査機の導入などの検討が必要である。

また、製造工程の管理レベルが高く、規格に対してバラツキが十分小さい場合（工程能力が高い場合）は、規格外の製品が製造される確率が低下するため、緩い検査の適用や無検査とすることが可能となる。検査で品質を保証することにコストをかけるのではなく、工程能力を高めることが結果的に保証のレベルも高め、コストを低減することにもなる。

（1）全数検査が適用されるケース

全数検査は、1つでも不適合品が出荷されると経済的にも信用にも重大な影響を与える次のような場合に適用される。

① 検査項目が少なく、簡単に検査できる場合
② ロットの大きさが小さい場合
③ 不適合品が人命に影響を与える致命的な場合
④ 製品が非常に高価な場合

（2）抜取検査が適用されるケース

抜取検査は、全数検査が適用できない場合や不適合品の混入により安全や経済面への影響が少ない次のような場合に適用される。

① 検査項目が多く、検査に手間がかかる場合
② ロットの大きさが大きい場合
③ 破壊検査の場合
④ 製品価格が安く、ある程度の不適合品の混入が許される場合
⑤ 生産者に品質向上の刺激を与えたい場合

抜取検査では、N個のロット（母集団）からn個のサンプルを抜き取り、これを検査してサンプル中の不適合品の個数によりロットが合格か不合格かを判定する。しかし、N個のロット（母集団）に不適合品が含まれている場合、抜き取ったn個のサンプルの中に不適合品が混入するかどうかは確率の問題となり、同じ不適合品が含まれるロットから繰り

38

返し同じ操作でサンプルを抜き取っても、不適合品数は変動する。その結果、合格すべきロットを不合格にする誤り（生産者危険）と不合格にすべきロットを合格にする誤り（消費者危険）というリスクがあり、両者はトレードオフの関係にある。抜取検査の設計では、経済的・技術的に最も有利な方法を検討する必要がある。→図表1-3-2

図表1-3-2 ● 抜取検査方式

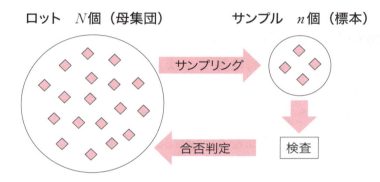

3 検査と管理

（1）自主検査

　品質管理の導入期は、不適合品を出荷しないことに重点が置かれ、検査主体の品質保証活動が行われていた。検査部門は製造部門とは独立して組織され、製造部門の仕事の結果である製品品質を監視する立場であった。しかし、検査を厳重に行っても不適合品の出荷を完全になくすことはできず、経済性の面からも得策とはいえなかった。

　そこで、不適合品を作らない、後工程に流さないために製造段階で工程を管理する品質保証活動に変化した。これは、品質は工程で作り込まれるという考えのもとに、工程管理に重点を置くことによって、品質を保証する工程管理重点主義の品質保証という。この考え方の実現のためには、製造部門はもちろん、外注、購買から生産技術、検査、販売の各部門が、それぞれの役割に応じてトップから作業員まで工程管理に参加

して、それぞれの業務の質を保証する必要がある。

業務の質を保証するために行われるのが工程検査で、特に製造担当者が自工程で製造した製品や半製品に対してみずからチェックを行い仕様どおりに製造できたか否かを確認することを**自主検査**という。みずから製造したものに責任をもち、不適合品を後工程に流さないことを目指している。検査という言葉が使われているが、自工程で品質を作り込むことを目的として行われる管理活動である。

（2）検査情報とフィードバック

前述のように、検査の目的は顧客や次工程に対する品質保証である。したがって、検査により製品の合格・不合格を判定し、顧客や次工程に不適合品を流さないことが目的である。検査を厳重に行っても品質の高いものが生産できるわけではなく、逆に厳重な検査は生産コストの増大となる。信頼性の高い製品の製造は、設計や工程で作り込まれるものであり、検査の結果、不適合品を選別することはできても、品質が高くなることはない。

工程で品質を作り込むためには、工程の管理状態を把握し、工程能力を高く維持していく必要がある。そのために自主検査により工程管理用のデータを測定することが行われているが、検査で測定されたデータ、つまり**検査情報**を工程にフィードバックすることも重要である。検査情報により品質のバラツキを把握することで不適合の原因を除去し、製造工程の改善を行うことで、品質の向上と生産の安定化を図ることが可能となる。検査情報をフィードバックする目的を以下に挙げる。

- 製造工程へのフィードバックと処置
- 品質標準その他の標準類の検討
- 品質設計に対するフィードバック
- 供給者に対するフィードバックと外注管理の改善

第4節 ● 品質改善の進め方

第4節 品質改善の進め方

学習のポイント

◆改善の進め方を理解する。
◆データ主義について理解する。
◆源流主義について理解する。

1 改善の進め方

　改善活動は問題解決のプロセスととらえることもできる。また、問題は、設定されている目標と現実とのギャップとして認識される。改善活動の効果を上げるために、定石ともいえる改善のステップがある。このステップは品質管理活動においてはQCストーリーとも呼ばれ、現場のQCサークル活動などで使われて効果を上げている。また、効果的に改善を進めていくために、QCストーリーの各ステップにおいて本章第2節で解説したさまざまな手法を活用する。

　QCストーリーには、図表1-4-1に示すように問題解決型QCストーリーと課題達成型QCストーリーという2つの異なるタイプがある。

　問題解決型QCストーリーは、設定されている目標と現実のギャップを埋めながら、現実の姿を目標に近づけるよう問題解決を図っていく活動である。

　一方、課題達成型QCストーリーは、目標を設定し、その目標と現実のギャップを埋めながら、現実の姿を理想の姿に近づくよう問題解決を図っていく活動である。

41

図表1-4-1 ● QCストーリー

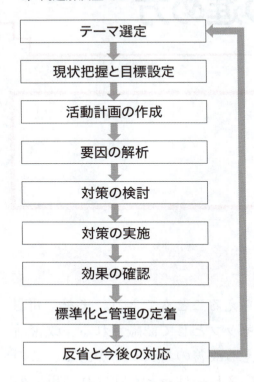

a）問題解決型QCストーリー

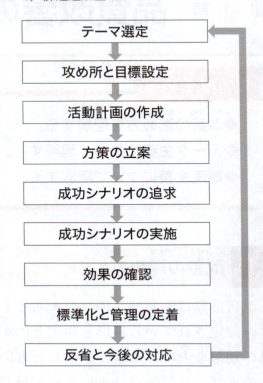

b）課題達成型QCストーリー

2 データ主義

（1）事実で管理

　　改善のステップや日常の管理では、本章第2節「データの活用」で解説したさまざまな手法を活用し、工程の状態をデータという事実で把握することが重要である。統計的品質管理では、経験や勘に頼るのではなく、事実としてデータを収集し分析することで管理改善を進めることが基本である。

　　たとえば、機械加工工程において寸法の不適合が発生した原因を解析する場合、不適合品が発生したロットの4Mの変化をデータとして把握することで、突発的な原因を解明することができる。

第4節 ●品質改善の進め方

（2）平均値とバラツキで管理

　事実としてのデータは、必ずバラツキをもっている。このバラツキに着目することが統計的考え方の基本である。たとえば、A、B工程からサンプリングした製品5個の寸法（mm）が以下の場合、どのように考えればよいか。

A工程：4、5、6、7、8
B工程：2、4、6、8、10

　共に平均は6mmであるが、データを見ただけでB工程のバラツキが大きいことがわかる。標本標準偏差sを計算するとA工程は1.58、B工程は3.16で、A工程の倍のバラツキであることがわかる。このように、どちらの工程の品質が安定しているかは平均値だけでは判断することはできず、バラツキを考慮することが重要であることがわかる。→本章第2節

　上記の例で、寸法の不適合が発生したロットでは4Mの変化がなく、突発的な原因でない場合がある。加工条件等の傾向的な変化が原因で不適合品となるケースが考えられる。この場合、中心値（平均）のズレか、バラツキが大きいことが原因であり、原因により対策も異なる。中心値を移動する対策は加工条件の初期設定値の変更が必要であり、バラツキを小さくする対策には、加工条件を変更する必要がある。

---

3 源流主義

　品質保証は、製品の製造に直接かかわっている製造部門だけで達成できるわけではない。製造では設計された品質を満たして生産していても、顧客の要求を的確に把握し、満足する設計となっていなければ、顧客にとってのよい品質とはならない。また、製品の設計や生産工程の設計が悪く作業性が極端に悪い場合も、よい品質のものを製造することは困難

43

第1章●品質管理

である。さらに、原材料の購入や検査、梱包、輸送、サービスなど企業の関係部門すべてが品質保証活動を行うことで、顧客の要求する品質を保証することが可能となる。製品の品質はこれらのすべての結果として現れ、品質改善には、より源流にある原因を追求し、対策を講じる必要がある。

（1）原因追求

　管理改善には問題の真の原因を解決することが重要である。たとえば、スクリーン印刷の不適合品の発生は、インクの濃度、温度、スクリーンメッシュの状態、スキージの圧力などさまざまな原因が考えられるが、問題にしている不適合の根本的な原因（要因）を解析し対策を打つことが重要である。そのための手法として特性要因図が効果的であり、絞り込んだ要因に対して影響の程度を散布図などで定量化する。

（2）再発防止

　再発防止は、改善のステップにおける歯止めに当たる。真の原因に対して対策を打ったとしても、歯止めが不十分であると元の状態に戻り問題が再発する。再発しないような設備的な対策や標準化が重要である。設備的な再発防止対策としてポカよけというフールプルーフの考え方

Column ☕ **コーヒーブレイク**

《改善の方法》

　改善の方法には、分析的アプローチと呼ばれ、現状を細かく分析し問題を1つひとつ解決し、積み上げていくボトムアップの方法と、設計的アプローチと呼ばれ、あるべき姿を設定し機能を展開していくトップダウンの方法がある。問題解決型QCストーリーは分析的アプローチ、課題達成型QCストーリーは設計的アプローチで改善を進める方法である。

第4節 ●品質改善の進め方

がある。ポカよけの考え方には大きく3つある。

① だれが作業しても間違いが起こらない工夫――形状の異なる部品
が取り付けられないようにする。

② 仮に間違った作業をしても、間違いを検出して警告を出す工夫――
―未加工な部品はセンサーに当たり警報を出す。

③ 不適合品が発生したら自動的に検出し適合品に混入しない工夫――
―加工寸法の異なる部品はシュートから排出される。

第1章●品質管理

第 5 節　品質保証

学習のポイント

◆品質保証の意義、重要性、国際化（特にISO9000シリーズの概要を含む）について理解する。

◆品質保証体系と品質保証活動の進め方を理解するとともに、開発、生産、販売などの品質保証活動の内容を理解する。

◆品質保証におけるクレーム処理への対策、不適合品への対策方法を理解する。

◆製造物責任（PL）の考え方や品質保証活動との関連を理解する。

1　品質保証の意義と進め方

（1）品質保証の意義と重要性

　品質保証（Quality Assurance：QA）とは、「品質要求事項が満たされるという確信を与えることに焦点を合わせた品質マネジメントの一部」（JIS Q 9000：2015-3.3.6）と定義される。

　品質保証は、顧客に提供する製品やサービスの品質を保証し、製品やサービスを安心して使用でき、満足してもらうための体系的活動であり、広義の品質管理の一部として位置づけられる。狭義の品質管理の目的も顧客に満足してもらう製品やサービスの提供であるが、管理の重点はよいものを経済的に作り出す社内の活動に重点が置かれている。一方、品質保証は、顧客との約束を満たすための活動に重点が置かれ、顧客の視点に立った品質管理活動であるといえる。→本章第1節

46

品質管理の導入期は、不適合品を出荷しないことに重点が置かれ、検査主体の品質保証活動が行われていた。しかし、検査を厳重に行っても不適合品の出荷を完全になくすことはできず、経済性の面からも得策とはいえなかった。そこで、不適合品を作らない、後工程に流さないために製造段階で工程を管理する品質保証活動に変化した。さらに、製品の設計が悪ければ、製造でいくら管理を厳しく行っても品質は向上しない。また、使用者や顧客の要求を満足する設計となっていなければ、設計どおり製造したとしても顧客は満足しない。製造だけでなく開発・設計、営業・企画なども含めた品質保証活動が重要になってきた。

（2）品質保証体系の考え方、進め方

　品質保証は、製品の製造に直接かかわっている製造部門だけで達成できるわけではない。製造では設計された品質を満たして生産していても、顧客の要求を的確に把握し、満足する設計となっていなければ、顧客にとってのよい品質とはならない。また、製品の設計や生産工程の設計が悪く作業性が極端に悪い場合も、よい品質のものを製造することは困難である。つまり、原材料の購入や検査、梱包、輸送、サービスなど企業の関係部門すべてが品質保証活動を行うことで、顧客の要求する品質を保証することが可能となる。

　効果的な品質保証を行うためには、経営者をはじめ全社の各部門が、顧客の視点に立ち、組織的・体系的に連携し有効に機能するための品質保証体系の構築が必要である。この体系を文書化したものが品質保証体系図である。品質保証体系図は、製品の受注から製品開発、生産、販売、アフターサービスまでの各プロセスにおける、各部門の役割と連携を業務の流れに沿って表した図である。各プロセスにおいて、各部門が不適合品を作らない、次工程に不適合品を流さないしくみを構築することが重要である。

第1章●品質管理

（3）品質保証体系の内容

　品質保証体系が確立され、品質保証活動を行っていくためには、各部門が経営者の品質方針に従って、活動を展開していく必要がある。図表1-5-1に各部門の役割を整理した。

図表1-5-1●品質保証体系における各部門の役割

部　　門	役　　割
経　営　者	品質方針の決定、活動の効果の把握と改善
販　売　部　門	顧客ニーズの把握と伝達、満足度の調査
設　計　部　門	顧客ニーズに基づく設計、デザインレビューの実施
製　造　部　門	工程での品質作り込み、作業管理、設備の日常管理
出　荷　部　門	誤配送の防止のための倉庫・出荷管理
購　買　部　門	購入先・外注先の選定、品質指導
品質保証部門	品質計画・検査規格の設定、計画の検証と不適合に対する是正勧告

　本章第1節2（1）で品質を消費者、開発者、製造者の視点で要求品質、設計品質、製造品質の3つに分類した。それぞれの品質を中心に扱う販売部門、製造部門、開発部門の品質保証活動の詳細を以下に解説する。

I　販売部門における品質保証活動

　販売部門は、社会情勢や市場動向、顧客ニーズを市場調査などで情報収集を行い、市場品質を決定するための情報を把握することが重要な役割である。顧客ニーズは、社会が豊かになるとともに、従来の高品質・低価格の要求だけでなく、自分の価値観に合ったものへと変化し多様化している。また、環境への配慮や製造物責任（PL）などへの消費者意識の高まりなど、社会情勢や経営環境などの情報を常に収集し対応していくことが重要である。

　また、開発部門での設計品質を決定するために、把握した顧客ニーズを製品企画段階へ伝達することも重要な役割である。

II　開発部門における品質保証活動

48

開発部門では、要求品質に基づき、設備や技術水準などを検討し、自社で生産できる製品の仕様を決定する。製品開発は、一般的に製品企画、開発設計、生産設計、初期流動段階に分類することができる。

1）製品企画段階

販売部門からの顧客ニーズをもとに、開発部門では開発する製品のデザインや性能、耐久性、安全性などを顧客ニーズに合わせ仕様を決定する。

2）開発設計段階

設計品質を決定する段階であり、自社の技術水準や設備などを検討し、製品企画を満足できるための、試作、性能試験、デザインレビューなどを行い、仕様を決定する。

3）生産設計段階

開発設計で設定された設計品質を満足させるために、製造部門や品質保証部門などと連携し、作業性やコストを考慮した製造仕様を決定する。

4）初期流動段階

製造仕様に基づいて、工程が設計され製造を開始した際、製品が設計どおりに製造されているか否かを確認する。品質上の問題点はもちろん、作業性やコスト面など不具合がある場合は、設計変更などで是正する。

Ⅲ　生産部門における品質保証活動

設計品質で定められた品質を達成するための製造品質を設定し、製造品質を達成するための活動を行う。製造品質を設定する生産準備活動と量産段階の活動に大別される。

1）生産準備活動

生産準備活動は、量産に必要な人員計画、生産設備の計画、原材料の購入、外注品調達計画、作業設計、工程編成などの４Ｍ〔Man（作業者）、Machine（設備）、Material（原材料）、Method（方法）〕を計画し実施していくことである。また、工程で品質を作り込むための品質保証計画を立案し、各工程における管理項目、管理基準、管理方法、確認方法などを決定しQC工程図として整備する。

2）量産段階の活動

　生産準備が整い量産を開始した時点で、管理項目ごとの品質特性を調査し、規格値とバラツキの関係を示す工程能力を求め、工程能力が十分であることを確認する。次に工程で品質を作り込み、不適合品を発生させないために工程管理を行う。不適合品が発生した場合は、発生原因を、特性要因図などを用いて調査し再発防止の処置をとる。一方、作業標準どおりに作業が行われても不適合品が発生した場合は、作業標準書を改定する必要がある。また、作業標準書どおりに作業が行われていなかった場合は、作業者教育を実施したり、作業標準書に問題があれば改定する。

2 品質保証とクレーム処理

（1）クレームの原因分析

　顧客からの製品やサービスに対する苦情を**クレーム**といい、顧客のニーズに製品やサービスが適合しなかった場合や、欠陥があった場合に発生する。なお、**苦情**とは、「製品若しくはサービス又は苦情対応プロセスに関して、組織に対する不満足の表現であって、その対応又は解決を、明示的又は暗示的に期待しているもの」（JIS Q 9000：2015-3.9.3）と定義される。その原因としては、製品そのものの不適合と品質保証システムの不適合の2つがあり、顧客の視点に立った品質保証活動が成果を上げていれば、クレームの発生は抑えられると考えられる。クレームの発生は、製品やサービスのイメージを傷つけ、さらには企業イメージのダウンも避けられず業績にも大きく影響する。

　前述のようにクレームは顧客ニーズと製品との不適合、製品の機能の不適合など、不適合品が顧客に渡ってしまったときに発生する。不適合品とは一般的には不良品ともいわれ（本テキストでは、原則として「不適合品」を用いる）、本来備えていなくてはならない品質を満足していない状態を指している。クレームが発生した場合は、製品の欠陥状況、購入時期、使用状況などクレームの状況を詳細に把握することが必要で

図表1-5-2 ●クレーム処理

ある。そのうえで、応急対策として不適合品の流出防止と回収、代替品の手配、恒久対策としての再発防止の是正措置を講じることが重要である。→図表1-5-2

(2) クレームの再発防止策

類似クレームの発生の防止、その真の原因を把握するためには、クレーム品の製造番号、ロット番号などから不適合がどのような状況で発生したかを製造履歴から追跡できる**トレーサビリティ**のしくみが重要となる。トレーサビリティを実現するためには、モノの流れと作業記録を対応させた工程管理システムの構築が必要となる。最近、家電や自動車などで重大な**リコール** Key Word が起こっているが、トレーサビリティにより迅速な製品回収が可能となり、このしくみを整備していくことが重要である。

Key Word

リコール──「リコールとは、次の事項を実施することをいう。
・類似事故未然防止のために必要な使用上の注意などの情報提供を含む消費者への注意喚起
・消費者の保有する製品の回収、交換、改修(点検・修理など)又は引取り
・流通及び販売段階からの回収」(JIS S 0104：2008 注1)。

第1章 ● 品質管理

クレームの原因として、製品そのものの不適合なのか品質保証システムの不適合なのかを特定し、真の原因に対して以下のようなステップで対策を立てることが重要である。

① クレームの内容確認
② クレームの原因の特定
③ クレームの再発防止を確実にするための処置の必要性の評価
④ 必要な処置の決定および実施
⑤ とった処置の結果の記録
⑥ 実施した活動のレビューおよび対策の水平展開

クレームが発生したら、真の原因を追求し、原因に対する効果的な対策を考え、再発防止の対策を確実に打っていくことが、品質管理の基本である。また、クレームの発生を抑えるためには、同様の不適合が他の工程や製品で発生しないように、対策を水平展開することが重要である。

（3）品質の不適合および予防対策

クレームの原因である品質の不適合の発生を抑え、不適合品を顧客に渡らないようにするためには、品質の不適合の再発防止とともに、潜在的に品質の不適合が発生する可能性のある原因をあらかじめ除去する予防対策が重要である。ISO9000シリーズでは予防措置の手順として以下のように記述されている。

① 起こりうる不適合およびその原因の特定
② 不適合品の発生を予防するための処置の必要性の評価
③ 必要な処置の決定および実施
④ 実行した処置の結果の記録
⑤ 予防処置において実施した活動のレビュー

〈不適合品発生の予防処置の手順〉

予防処置の実施には、潜在的問題点を把握することが重要となる。潜在的な問題点を把握するためには、工程管理での検査データや不適合品の発生などの記録が不可欠である。また、日常的な管理を目で見える管

52

理として、工程が正常状態なのか異常状態であるのかを把握しやすくするしくみをつくり、不適合品の発生前の管理状態に是正できるようにすることが重要である。

予防処置は問題解決ととらえることもできる。また、問題とはあるべき姿と現実とのギャップとして認識される。問題解決を行うには本章第4節「品質改善の進め方」のステップを実行し、真の原因を発見することが重要である。

3 製造物責任（PL）

（1）製造物責任の考え方

製造物責任（Product Liability：PL）は、製品の欠陥によって被害を受けた場合の損害賠償責任のことで、製品の欠陥またはその使用上の説明の欠陥によって、ユーザーまたは消費者が受けた損害に対して、その製品の製造者または販売者に対して課せられる障害または損害の賠償責任である。製品の欠陥については以下のように分類される。

① 設計上の欠陥

設計自体に問題があるために安全性を欠いた場合

② 製造上の欠陥

製造物が設計や仕様どおりに製造されなかったために安全性を欠いた場合

③ 指示・警告上の欠陥

製造物から除くことが不可能な危険がある場合に、その危険に関する適切な情報を与えなかった場合。取扱説明書の記述に不備がある場合などが該当する

PL法は、欧米を中心に消費者保護を目的に発展してきた概念であり、損害賠償請求を行う際の、被害者の証明責任を大幅に軽減するものである。民事上、損害賠償請求を行う際は、加害者の過失責任の原則が採用され、被害者が加害者の過失を証明する必要がある。しかし、PL法では

第1章 ● 品質管理

製造者である加害者の過失の有無にかかわらず（いわゆる**無過失責任**）、以下の２つを証明することで損害賠償請求が可能となった。

① 製品に欠陥が存在した

② その欠陥によって損害が生じた

日本では、1995（平成７）年から「**製造物責任法（PL法）**」が施行され、製造者に過失がなくても製造した製品の欠陥により被害が発生した場合には、製造者の責任として被害者に賠償を行うこととなった。製品の欠陥により事故が発生すれば、多額の賠償金を支払うだけでなく、企業の信用にも大きな影響を与え、企業の存続が困難となるケースも発生している。

（２）製造物責任と品質管理活動の関連

1995年の法律の施行により、日本においていままで以上に消費者の製品の安全性に対する意識が高まるとともに、製造者の責任も大きくなってきた。PL法と品質管理との関係は特に大きく、前述の欠陥のうち、①設計上の欠陥、②製造上の欠陥は、直接的に品質管理の対象となるものである。ISO9000シリーズへの対応を含む品質保証体制の確立が製品設計や製造工程での欠陥品をなくし、PL法への対策にも有効である。PL法への対策は品質保証活動そのものであるといってもよい。

製品の安全性を確保するためには、設計時に**設計FMEA** Key Word（Failure Mode and Effect Analysis）などを用いて、予期しない使い方や誤使用などによる問題点を推測し、対策を織り込む安全設計が重要となる。また、安全設計では対応できない場合には、使用者に注意を喚起するた

Key Word

設計FMEA（設計故障モード影響解析＝Design FMEA）──設計時に、潜在的な故障を予測し、その影響度を解析し設計の信頼性を高める手法である。製品の部品、ユニットごとに起こりうる故障を予測し、その故障が製品に及ぼす影響を予想することにより、潜在的な事故・故障を設計段階で予測する。

第5節 ● 品質保証

めの警告ラベルの貼付や使用上の注意などを明記することも重要である。
　前述のように、製品の欠陥により事故が発生すれば、多額の賠償金を支払うだけでなく、企業の信用にも大きな影響を与え、企業の存続が困難となるケースも発生している。したがって、市場での安全にかかわる品質問題の発生に対する事前の対応が必要になる。この対応は製造物責任予防（product liability prevention）と呼ばれ、訴訟の提起に備える製造物責任防御と消費者に安全な製品を供給する製品安全（product safety）の2つに分けて考えることができる。品質管理との関連では、後者の製品安全を品質保証活動などを通して実現していくことが重要である。

第1章●品質管理

第6節 品質マネジメントシステム

学習のポイント

◆品質マネジメントシステムの国際化について理解する。
◆品質マネジメントシステムの内容（特にISO9000シリーズ）について理解する。

1 品質マネジメントシステムの国際化

品質マネジメントシステムの国際規格がISO9000シリーズであり、1987（昭和62）年に制定され、1994（平成6）年、2000（平成12）年、2008（平成20）年、2015（平成27）年に改正されて現在に至っている。

品質マネジメントとは、「品質に関するマネジメント。注記 品質マネジメントには、品質方針及び品質目標の設定、並びに品質計画、品質保証、品質管理及び品質改善を通じてこれらの品質目標を達成するためのプロセスが含まれ得る」（JIS Q 9000：2015-3.3.4）と定義される。品質マネジメントという言葉にあるように、経営活動の一環ということが強調されている。また、「確信を与える」ことを証明できる品質保証体制が求められている。そのために、活動の結果を記録する体制の整備が必要となる。

ISOは、国際標準化機構（International Organization for Standardization）のことで、電気分野を除く工業分野の国際的な標準規格を策定するための民間の非営利団体である。本部はスイスのジュネーブで各国1機関が参加でき、日本ではJISC（Japan Industrial Standards Committee＝日本産業標準調査会）が加盟している。電気分野の標準規格は国際

56

電気標準会議（International Electrotechnical Commission：IEC）によって策定される。また、双方に関連する分野は、ISO/IEC JTC 1（合同技術委員会）が合同で標準化を行っている。

ISO9000シリーズは、EU市場統合とGATT（関税及び貿易に関する一般協定）の国際貿易の円滑化をねらいとして、1987年に世界共通の品質保証システムとして制定された。日本では1991（平成3）年にJIS Z 9900シリーズとしてJISに取り入れられ、ISOとの整合性が図られた。2000（平成12）年には、従来の品質保証から品質マネジメントシステム (Quality Management System：QMS) の要求事項の標準化を行うための国際規格として大幅に改定された。ISO9000シリーズは、企業が構築した品質マネジメントシステムが規格に適合していれば、一定の品質が保証された製品が製造されるという基本的な考え方に立っている。企業の品質マネジメントシステムが規格に適合しているかどうかは、審査登録機関が審査し、認証するしくみとなっている。

ISO9000シリーズは、前述のように1987年に制定され欧州を中心として進められた。同時期、日本ではTQCを中心とした独自の品質管理、品質保証システムが確立し成果を上げており、ISO9000シリーズへの関心は低いものであった。しかし、EU統合によるISO9000シリーズの欧州企業での採用が、取引の障害となる可能性が指摘され急速に関心が高まり、1991（平成3）年JISにも取り入れられ整合性が図られた。また、TQCはQCサークルを代表とするボトムアップが基本となっており、急激な経営環境の変化に戦略的に対応することが困難であることが指摘されていた。TQCにも経営全般の質の向上を図るという概念が含まれているが、さらに明確にするために総合的品質管理 (Total Quality Management：TQM) と呼ぶのが一般的になってきた。

ISO9000シリーズの中心規格であるISO9001は、2015年に大幅な改定が行われ、以下の記載がある（ISO9001：2015-0.1　一般）。

「品質マネジメントシステムの採用は、パフォーマンス全体を改善し、持続可能な発展への取組みのための安定した基盤を提供するのに役立ち

第1章 ● 品質管理

得る、組織の戦略上の決定である。

組織は、この規格に基づいて品質マネジメントシステムを実施することで、次のような便益を得る可能性がある。

a）顧客要求事項及び適用される法令・規制要求事項を満たした製品及びサービスを一貫して提供できる。

b）顧客満足を向上させる機会を増やす。

c）組織の状況及び目標に関連したリスク及び機会に取り組む。

d）規定された品質マネジメントシステム要求事項への適合を実証できる。

内部及び外部の関係者がこの規格を使用することができる。

この規格は、次の事項の必要性を示すことを意図したものではない。

・様々な品質マネジメントシステムの構造を画一化する。

・文書類をこの規格の箇条の構造と一致させる。

・この規格の特定の用語を組織内で使用する。」

顧客満足の向上だけでなく、組織の成果の達成が目的に追加されている。また、リスクと機会への対応を求めている。ただし、品質マネジメントシステムの画一性を求めていないとし、組織に使いやすい品質マネジメントシステムにするには、規格の用語にこだわることなく、組織が日常的に使っている用語を用いて文書を構築するなど柔軟に対応することを求めている。さらに、ISO9001が作成を要求している書面（文書）も規格の箇条と一致させる必要はなく、大幅に削減されている。

2 ISO9000シリーズの構成

2000年の改正では構成の面で、ISO9001・9002・9003はISO9001に統合された。また、環境マネジメントシステム監査との整合性の観点からISO19011が制定され、ISO9000の規格は4つの規格に整理された。主要なISO9000の規格は、ISO9001を中心として、図表1-6-1のように構

図表1-6-1 ● ISO9000の主要な規格とJIS規格との関係

ISO規格	JIS規格	規格名称
ISO9000	JIS Q 9000：2015	品質マネジメントシステム－基本及び用語
ISO9001	JIS Q 9001：2015	品質マネジメントシステム－要求事項
ISO9004	JIS Q 9004：2015	品質マネジメント－組織の品質－持続的成功を達成するための指針
ISO19011	JIS Q 19011：2015	マネジメントシステム－監査のための指針

成されている。このほかにも、計測機器や教育、統計的手法などの支援技術に関する規格があり、これらを総合してISO9000シリーズ（あるいはISO9000ファミリー）と呼んでいる。なお、本稿ではISO9000等と記載しているが、記述は対応するJIS Q 9000等から抜粋している。

3 品質マネジメントシステムの原則

改正された規格では7つの品質マネジメントの原則を採用し、組織におけるすべての階層の責任と権限、および品質に関連する業務を体系的に文書化したQMSに従って業務を遂行し、継続的改善を推進することが求められている。→図表1-6-2

図表1-6-2 ● 品質マネジメントの原則（ISO9000：2015）

１－顧客重視
品質マネジメントの主眼は、顧客の要求事項を満たすこと及び顧客の期待を超える努力をすることにある。

２－リーダーシップ
全ての階層のリーダーは、目的及び目指す方向を一致させ、人々が組織の品質目標の達成に積極的に参加している状況を作り出す。

３－人々の積極的参加
組織内の全ての階層にいる、力量があり、権限を与えられ、積極的に参加する人々が、価値を創造し提供する組織の実現能力を強化するために必須である。

第1章 ● 品質管理

4－プロセスアプローチ 活動を、首尾一貫したシステムとして機能する相互に関連するプロセスであると理解し、マネジメントすることによって、矛盾のない予測可能な結果が、より効果的かつ効率的に達成できる。
5－改善 成功する組織は、改善に対して、継続して焦点を当てている。
6－客観的事実に基づく意思決定 データ及び情報の分析及び評価に基づく意思決定によって、望む結果が得られる可能性が高まる。
7－関係性管理 持続的成功のために、組織は、例えば提供者のような、密接に関連する利害関係者との関係をマネジメントする。

4 ISO9001：2015規格の構成

　2015年版のISO9001では、組織が戦略的方向性に関する意図した結果の達成に向けて、品質マネジメントシステムに取り組むということが明確に示されている。特に、以下の点が強調されている。

○組織の状況理解と適用範囲の決定

　項番4（組織の状況）では、組織の内部・外部の課題や、利害関係者のニーズおよび期待を考慮し適用範囲を決定することを要求している。網羅的でなく適用範囲を絞り、企業経営に直結する品質マネジメントに取り組むことが可能となる。

○リーダーシップ

　項番5（リーダーシップ）では、ISO9001規格の適用範囲内の最高責任者であるトップマネジメントに、品質マネジメントシステムのリーダーシップとコミットメントを要求している。また、トップマネジメントに組織の事業プロセスへ品質マネジメントシステムの要求事項を統合することを要求している。

○リスクおよび機会への取り組み

　項番6.1（リスク及び機会への取組み）では、製品またはサービスの

品質に不具合や悪影響を与える潜在的なリスクと機会（ビジネスチャンス）につり合いの取れた対応をすることを要求している。また、製品やサービスの品質を改善するための対策とリスクが低減または除去されたかどうかを評価することが重要である。

○サービス業への配慮

　従来の要求事項では、製品という用語の中にサービスを含んでいたが、2015年度版では、製品とサービスの定義を分けている。特に項番8.4（外部から提供されるプロセス、製品及びサービスの管理）では、2008年版の「購買製品」を「外部から提供される製品及びサービス」にというように、用語の見直しが図られている。

○文書の簡略化

　項番7（支援）では、共通要素の要求事項として、2008年版の「文書・記録」が「文書化した情報」となり、形式にとらわれない文書化が可能になった。紙媒体の文書だけでなく、図表や電子媒体の情報での整備も可能になった。ISO認証取得のためだけに作成するような不必要な文書・記録をなくし、企業活動に直結した品質マネジメントシステムを運用していくことが可能となる。

　QMSを構築する場合のISO9001：2015に規定されている要求事項の概要は、図表1-6-3のとおりである。

図表1-6-3 ● ISO9001：2015　品質マネジメントシステムの要求事項

1.　適用範囲
2.　引用規格
3.　用語及び定義
4.　組織の状況
4.1　組織及びその状況の理解
4.2　利害関係者のニーズ及び期待の理解
4.3　品質マネジメントシステムの適用範囲の決定
4.4　品質マネジメントシステム及びそのプロセス
5.　リーダーシップ
5.1　リーダーシップ及びコミットメント　5.1.1 一般　5.1.2 顧客重視
5.2　方針　5.2.1 品質方針の確立　5.2.2 品質方針の伝達

5.3 組織の役割、責任及び権限
6. 計画
6.1 リスク及び機会への取組み
6.2 品質目標及びそれを達成するための計画策定
6.3 変更の計画
7. 支援
7.1 資源　7.1.1 一般　7.1.2 人々　7.1.3 インフラストラクチャ　7.1.4 プロセスの
　　運用に関する環境　7.1.5 監視及び測定のための資源　7.1.6 組織の知識
7.2 力量
7.3 認識
7.4 コミュニケーション
7.5 文書化した情報　7.5.1 一般　7.5.2 作成及び更新　7.5.3 文書化した情報の管理
8. 運用
8.1 運用の計画及び管理
8.2 製品及びサービスに関する要求事項　8.2.1 顧客とのコミュニケーション　8.2.2
　　製品及びサービスに関する要求事項の明確化　8.2.3 製品及びサービスに関す
　　る要求事項のレビュー　8.2.4 製品及びサービスに関する要求事項の変更
8.3 製品及びサービスの設計・開発　8.3.1 一般　8.3.2 設計・開発の計画　8.3.3 設
　　計・開発のインプット　8.3.4 設計・開発の管理　8.3.5 設計・開発からのアウ
　　トプット　8.3.6 設計・開発の変更
8.4 外部から提供されるプロセス製品及びサービスの管理　8.4.1 一般　8.4.2 管理
　　の方式及び程度　8.4.3 外部提供者に対する情報
8.5 製造及びサービス提供　8.5.1 製造及びサービス提供の管理　8.5.2 識別及びト
　　レーサビリティ　8.5.3 顧客又は外部提供者の所有物　8.5.4 保存　8.5.5 引渡後
　　の活動　8.5.6 変更の管理
8.6 製品及びサービスのリリース
8.7 不適合なアウトプットの管理
9. パフォーマンス評価
9.1 監視、測定、分析及び評価　9.1.1 一般　9.1.2 顧客満足　9.1.3 分析及び評価
9.2 内部監査
9.3 マネジメントレビュー　9.3.1 一般　9.3.2 マネジメントレビューへのインプッ
　　ト　9.3.3 マネジメントレビューからのアウトプット
10. 改善
10.1 一般
10.2 不適合及び是正処置
10.3 継続的改善

5 PDCAサイクルと品質マネジメント

2015年版のISO9001の0.1 序文 一般に以下の記述がある。
「この規格は、Plan – Do – Check – Act（PDCA）サイクル及びリスクに基づく考え方を組み込んだ、プロセスアプローチを用いている。
組織は、プロセスアプローチによって、組織のプロセス及びそれらの相互作用を計画することができる。
組織は、PDCAサイクルによって、組織のプロセスに適切な資源を与え、マネジメントすることを確実にし、かつ、改善の機会を明確にし、取り組むことを確実にすることができる。」
前述のISO9001の要求事項の条項4から条項10と、PDCAの関係を表したものが「PDCAサイクルを使った、この規格の構造」である。→図表1-6-4

図表1-6-4 ● PDCAサイクルを使った、この規格の構造の説明

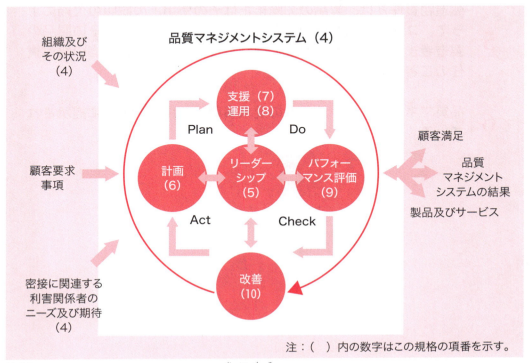

出所：ISO9001：2015-0.3.2 PDCAサイクル

第1章 理解度チェック

次の設問に、○×で解答しなさい（解答・解説は後段参照）。

1 品質管理における管理のサイクルとは、計画－評価－実施－対策のサイクルを回し、品質や仕事の質を維持、改善していく活動である。

2 データを取る目的は母集団から取られたサンプル（標本）の情報を得るためである。

3 検査とは、母集団から取られたサンプルを測定や試験を行い、要求事項に適合しているかどうかを判定することである。

4 改善のステップでは問題点を多様な視点から検討し、改善目標を定性的に設定することが重要である。

5 製造物責任とは、製品の欠陥またはその使用上の説明の欠陥によって、ユーザーまたは消費者が受けた損害に対して、その製品の製造者または販売者に対して課せられる障害または損害の賠償責任のことである。

6 品質マネジメントシステムの要求事項は、JIS Q 9000 に提示されている。

第1章 理解度チェック

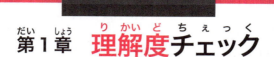

解答・解説

1 ×
管理のサイクルは計画－実施－評価－対策である。

2 ×
データを取る目的は、サンプル（標本）を測定し母集団の情報を得ることである。

3 ○
検査は、単なる試験や測定ではなく、要求事項に適合しているかどうかを判定することである。

4 ×
改善目標は定性的ではなく定量的に設定する。

5 ○
製造物責任（PL）とは、製品の欠陥だけではなく、使用上の説明の欠陥によって、消費者が受けた損害に対する賠償責任のことである。

6 ×
品質マネジメントシステムの要求事項は、JIS Q 9001に提示されている。

第1章 ●品質管理

参考文献

奥村士郎『品質管理入門テキスト〔改訂2版〕』日本規格協会、2007年

甲斐章人・森部陽一郎『現代の品質管理マネジメントシリーズ』泉文堂、1999年

坂本碩也・細野泰彦『品質管理テキスト〔第4版〕』オーム社、2017年

日本経営工学会編『生産管理用語辞典』日本規格協会、2002年

細谷克也編、石原勝吉・廣瀬一夫・吉間英宣『やさしいQC七つ道具〔リニューアル版〕』日本規格協会、2009年

森口繁一編『新編 統計的方法－品質管理講座〔改訂版〕』日本規格協会、1992年

山田正美『図解 よくわかるこれからの品質管理』同文舘出版、2004年

鐵健司『新版 品質管理のための統計的方法入門』日科技連出版社、2000年

第2章

原価管理

この章のねらい

　第2章では、原価管理について、総合的な視野から基本的な考え方とともに、企業の業務の各局面に役立つ手法の適用方法などについて学ぶ。あらゆる企業活動において、業務の遂行過程において必ずコスト（費用・原価）が発生し、この費用と収益との差額が損益になる。営利を目的とする企業は利益の確保を追求しなくてはならない。そのためには、収益はできるだけ大きく、費用はできるだけ小さくすることによって、利益を大きくしなくてはならない。第2章では、製造業を前提として、コストをどのように管理していくかについて学ぶ。

　企業の業務を管理するには、Q（品質）、C（コスト・原価）、D（納期・生産性）に対して、PDCA（Plan － Do － Check － Act）サイクルを回すことでマネジメントすることが必要となる。企業ではQとDをうまく管理できた成果として、Cを低減できる傾向にある。そのため、利益の実現を目指す企業活動のマネジメントの着眼点として、QとDとともに、Cに注目する必要がある。

　第2章では、製品の開発・設計段階の原価低減活動である原価企画、製造段階の原価低減活動である原価改善、製造段階の原価維持に必要な標準原価計算についても学ぶ。

第2章●原価管理

第1節 原価管理の基本的な考え方

学習のポイント

◆原価管理には、原価企画、原価改善、原価統制という3つの
カテゴリがあることを理解する。原価管理を実施するには、
基本情報としての原価情報を入手するために、原価計算が行
われる必要がある。

◆原価管理におけるマネジメント機能は、プランニングとコン
トロールから成り立っていることを理解する。

◆製造業において、顧客の求める品質（Q）と納期（D）を満
たすために、必然的にコスト・原価（C）が発生するという
考え方を理解する。顧客満足を実現しながら利益の実現を図
るのが生産管理における原価管理である。

---

1 原価管理の体系

　原価とは、「製品の生産、販売・サービスの提供のために、消費される
経済的資源（原材料、設備、人など）の貨幣価値」（JIS Z 8141：2022-
1111）と定義される。原価管理と原価計算は混同されやすいが、厳密に
は異なる。**原価管理**は、**製造原価**を統制すること、あるいは製造原価を
低減する活動である。他方、**原価計算**は、製品の単位原価（1単位当た
りの原価）を算定することである。原価管理を実施するには、基本情報
としての原価情報を入手するために、原価計算が行われる必要がある。
なお、日本における会計基準の1つで、原価計算の実践規範である「原

68

価計算基準」(1962(昭和37)年公表)によれば、原価計算の目的は、財務諸表作成目的、価格計算目的、原価管理(原価統制)目的、予算管理目的、基本計画設定目的の5つが挙げられている。しかし、1990年代以降、ABC(活動基準原価計算)、品質原価計算、ライフサイクル・コスティング、マテリアルフローコスト会計など、比較的新しい原価計算の手法が広く知られるようになった。これらは、「原価計算基準」には依拠していないものの、原価管理のために有益であるため、積極的にみずからの企業においてどのように活用するかを検討する価値がある。

原価管理の体系を示すと、図表2-1-1のとおりとなる。原価管理のねらいを大きく分けると、原価統制と原価低減に分けることができる。**原価統制**は、狭義の原価管理であり、原価を計画された範囲内に収める活動である。他方、**原価低減**は、業務プロセスの改善や製品設計の見直しなどによって製造原価の低減(コストダウン)を図る活動である。歴史的には、原価統制の活動としての原価維持から始まり、原価低減の活動としての原価改善、原価企画へと展開されていった。

原価維持は、標準原価と実際原価との差異を分析し、実際原価をあらかじめ定めた範囲内に収める活動であり、具体的には標準原価計算とい

図表2-1-1 ●原価管理の体系

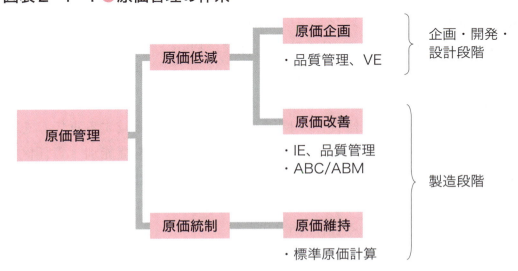

第2章 ● 原価管理

う原価計算制度を用いて標準原価管理という活動として実現される。**原価改善**は、製品の製造段階における原価低減である。具体的にはIE（Industrial Engineering）などの生産管理の手法を活用することによる作業そのものの改善やムダ取りなどによる改善、品質管理による品質の向上、ABC/ABM（Activity Based Costing/Activity Based Management）を活用した間接業務の原価改善などによって実現する。**原価企画**は、製品の企画・開発・設計段階での原価低減である。具体的には、品質管理活動やVEなどによって、デザインレビューやコストレビューを通じた設計の再検討、原材料の見直し、工法の改善などを行う。

　経営活動において、**Q（品質）、C（コスト・原価）、D（納期・生産性）**が大事であるとはよくいわれる。しかしながら、QDCという順序で表記すべきであるという意見もある。原価管理に関して注意すべきは、製造原価（コスト）を低減するための直接的な方策はほとんどないことである。人員削減を伴う事業整理や工場の売却などによって事業縮小すれば、製造原価が大幅にかからなくなるが、それは現実的な解決策とはならない。経営活動における品質の向上（Quality：Q）、生産性の向上と納期の短縮（Delivery：D）が成し遂げられた結果として、原価低減（Cost：C）が実現できる。したがって、原価管理は、原価低減の成果を金額で見える化させ、原価低減を経営者、管理者、現場の人たちそれぞれに動機づける役割（**マネジメントコントロール**）が大きな位置づけを占める。

　原価管理活動は他の管理活動と同様に、Plan（計画）、Do（実施）、Check（評価）およびAct（対策）の管理サイクル、すなわちPDCAサイクルに沿って実施される。注意する必要があるのは、特定の原価要素について特定の部署が原価責任（原価を統制あるいは低減する責任）を有するように組織を設計することである。原価の発生を機能別・責任区分別に管理するとともに、原価要素を分類・集計する計算組織上の区分を原価部門という。原価責任とは、この原価部門がより正確な原価を算定したり、原価管理を行う責任を意味する。

　設計図を作成する設計過程において技術要件が決定されるのに従い、

70

原価が決定されていく。製品の設計から製造までの各段階において、それぞれの業務に携わる技術者が原価責任を有する。**製品設計技術者**は、原材料の選択と消費量の決定、組立作業と解体作業における作業性ならびに物流段階の配慮において原価責任を有する。**生産システム設計技術者**は、生産要素（生産設備）の選択と配置（レイアウト）において原価責任を有する。**生産管理技術者**は、品質と納期の実現において原価責任を有する。

2 プランニングとコントロール

　原価管理も、生産管理や品質管理と同様、PDCAの管理サイクルに基づいて実施される。原価管理の機能を大別すると、プランニング（計画）とコントロール（統制）から成り立っている。**プランニング**は、将来の状態を予測し、目標を設定し、目標達成のための具体的な方法を決定することである。**コントロール**は、仕事や作業を指示し、実行し、計画と実績の差異が大きい場合は、その差異を小さくするように手立てを講じたり、計画を修正することである。

　第1に、標準原価計算における標準原価を管理することによる原価統制について考える（標準原価計算については、**本章第3節**で解説する）。標準原価は、標準の操業度と、標準の作業方法において、標準の能率（生産性）と標準の原価率（原価標準）を適用して算出される原価である。標準原価計算では、標準原価を設定することがプランニング、差異分析の結果を用いて差異を小さくするための具体的かつ有効な手段を講じることがコントロールに相当する。

　第2に、製品の開発・設計と生産という側面から原価低減について考える。製品の開発・設計や生産に携わる者は、「よい製品を作る」という意識はもちろんのこと、その先のビジネスも考慮しつつ「いかに利益を上げられる製品を開発するか」についても意識しなくてはならない。その理由は**図表2-1-2**のとおり、QCDに関連する企業と顧客の関係にある。

第2章 ● 原価管理

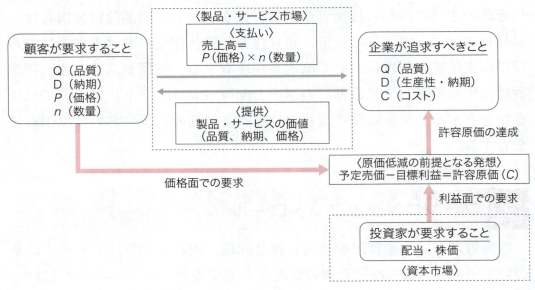

図表2-1-2 ● QCDの関係

　企業は、顧客に対して、製品やサービスにおける品質（Quality：Q）、納期（Delivery：D）に関連した価値を提供し、その価値に見合う金額を支払う。ここで、顧客の支払金額、すなわち企業にとっての売上高（収益）は、次式により求められる。

　　売上高＝製品1単位当たりの価格（Price：P）×販売数量（n）

　市場取引を前提とすれば、価格（P）は市場によって決められるべきものであって、1つの企業の専決事項として決められるものではない。また、企業にとって適正な利益も、資本市場を通じて投資家（現在および将来の株主）から要求されるものであって、企業の専決事項ではない。そのため、企業の経営活動では、あらかじめ予想される取引価格を予定売価として設定し、そこから目標となる利益を控除した残額に製造原価（C）を収めなければならない。したがって、企業が追求しなければならない製造原価＝**許容原価（C）** は次式により求められる。

　　予定売価－目標利益＝許容原価（C）

第1節 ● 原価管理の基本的な考え方

　企業は、顧客の求めるQとDの条件を満たしながら、この許容原価に原価を収めることで、自社の利益を確保する必要がある。では、この許容原価（C）は、どのように管理しなければならないだろうか。

　原価管理では、決して「作る」ために発生した原価だけを扱うものではない。ここに示した許容原価に基づき、目標利益を実現するための原価の目標値として目標原価が設定される（→本章第4節）。このような考え方に基づく製品の企画・開発・設計段階での原価低減活動が原価企画である。また、設定された目標原価を達成するため、あるいはさらに利益を増大させるために行う製造段階の原価低減活動が原価改善である。

　原価企画も原価改善も、原価統制と同様に、プランニングとコントロールから成り立っている。原価企画でも原価改善でも目標原価の設定がプランニングに相当する。原価企画では、原価低減のアイデアを設計に取り入れ、その結果どの程度の原価低減の成果が見込めるかを評価し、さらなる改良を加えていくプロセスがコントロールに相当する。原価改善では、生産管理や品質管理の手法を駆使した改善を行い、その結果どの程度の原価低減が実現できたかを継続的に行っていくプロセスがコントロールに相当する。

3 製品の開発・生産活動と製造原価

　製造原価の数値は、経営活動の評価表の1つである損益計算書（Profit and Loss Statement：P/L）に記載される。有価証券報告書で開示するための損益計算書は実績値を用いて作成される。他方、将来に向けた経営計画における見積損益計算書を作成する場合は、将来数年間（中期経営計画で3〜5年）の見積数値を用いる。

　損益計算書は、自〇年〇月〇日から至〇年〇月〇日までのように一定の経営活動期間における経営活動の記録であり、その内容のあらましは図表2-1-3のとおりである。

　売上高から売上原価を差し引いて売上総利益が求められる。さらに売

第2章●原価管理

図表2-1-3●損益計算書の構造

損益計算書

自○年○月○日
至○年○月○日

売上高
　　－売上原価
売上総利益
　　－販売費及び一般管理費
営業利益
　　＋営業外収益
　　－営業外費用
経常利益
　　＋特別利益
　　－特別損失
税引前当期純利益
　　－法人税・住民税
　　　および事業税
当期純利益

上総利益から、売上高を実現するための活動にかかる販売費及び一般管理費を差し引いて営業利益が求められる。この営業利益は、企業の本業による利益を意味する。営業利益に本業の取引とは直接関係がない営業外収益を加え、営業外費用を差し引いて経常利益が求められる。企業経営に必要となる資本調達に必要となる費用（資本コスト）の１つである借入金の利息が営業外費用に含まれることから、間接金融に資本調達を依存する企業にとって、経常利益は経営者による経営成績の大きな目安にされてきた。

　原価管理の成果は、最終的に損益計算書の当期純利益という形で反映される。その関係を要約すると、次式により求められる。

収益－販売する製品の製造原価－その他の費用
　　＝当期純利益（もしくは当期純損失）

第1節 ● 原価管理の基本的な考え方

　この式のとおり、企業が販売する製品の製造原価が小さければ小さいほど、売上高を上げるために発生した費用が小さければ小さいほど、利益が大きくなる。生産管理活動で貢献できるのは、前者の製造原価を小さくすることである。さらに、とりわけ、生産管理においては製造原価の大小だけではなく、産出量と製造原価総額との割合、すなわち効率も考慮しなければならない。

$$効率 = \frac{アウトプット（産出量）}{インプット（製造原価の総額）}$$

　この式において、効率を高めるためには分母の値（製造原価の総額）を小さくし、分子の値（産出量）を大きくする必要がある。製造段階の原価改善として、生産管理や品質管理によって、作業や原材料のムダを排除する、設備の不稼働時間を少なくする、不適合品の発生を抑制する、などの努力をすることで産出量を増大させたり、製造原価の総額を低減できれば、効率の向上を実現できる。労働災害をなくすなどの改善活動も、この効率を向上させるための方策である。また、生産管理や品質管理を通じて標準化が進むことで、標準原価管理による原価維持が成立するようにもなる。

　他方、原価企画活動において、主に設計段階でVEによって製品の価値を向上させる（→本章第4節）、製品設計を追求していくことを通じて、製造原価の総額を小さくし、利益を大きくすることができる。工業製品を作るためにはそれに先立って設計がなされなくてはならない。設計業務の結果は設計図であり、設計図の中には多くの情報が含まれている。設計過程は複雑でその理解には専門知識が必要であるが、ここでは設計の結果として図表2-1-4のような設計図が与えられたものとする。

　設計図には製品を製造するために必要な情報がすべて記載されていなくてはならない。そして、図表2-1-4に示したように材質、形状、寸法および精度の4項目は設計図に不可欠な項目である。すなわち、どんな原材料を使って作るか（材質）、どんな形のものを作るか（形状線）、

75

図表2-1-4 ● 設計図の例

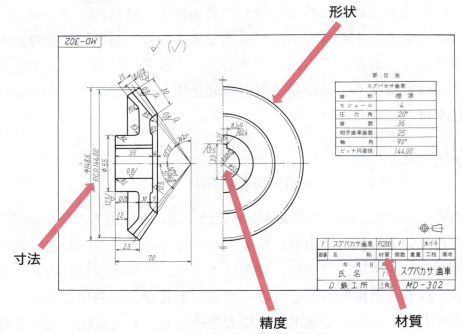

出所：大西清『JISにもとづく標準製図法』理工学社

　大きさはどのくらいか（寸法線）、そしてどのように仕上げるか（仕上記号）である。製造現場ではこの設計図の指示に従って生産活動を開始するが、この設計図にはこれら4つの要素が過不足なく記載されていなくてはならず、これらの要素はすべて製造原価の金額に直結している。

　材質、形状ならびに寸法の3項目は、指定した原材料をどのくらい消費するかを示している。そして指定された原材料に対して形状、寸法ならびに精度の3項目は、どのような設備を使って、だれが、どのような加工を行うかを決める情報を提供している。すなわち、設計図には原材料の消費量と加工の手段とが記載されているのである。原材料の消費量からは材料費が求められ、加工手段に生産数量の条件が加味されて加工工数が求められる。加工工数からは加工時間が求められ、加工費が求められる。この2つの費用、すなわち材料費と加工費を合わせたものが製造原価の総額である。つまり、設計図には技術情報だけではなく、間接

的に原価情報も含まれており、設計によって大幅に製造原価が変わることを意味する。かねてから「設計段階でほとんど原価は決まる」といわれてきたのはこのことによる。

これまで述べたことを式に表すと次のように示される。

$$C = f(v, t) \quad (v：volume＝物量、t：time＝時間)$$

製造原価は物量と時間を変数とする関数である。この式は、物量の管理に基づく正確な消費量の把握と時間の記録が原価を求める基礎であることを意味している。

物量の記録と時間の記録には、現在ではITの活用が不可欠となっている。設計情報（CAD：Computer Aided Design＝コンピュータ支援設計のデータ）、生産情報（原材料の受け払い、作業時間の記録、工程間移動の推移などのデータ）、在庫情報（仕掛品、原材料、部品の在庫などのデータ）は、製造業では基幹情報として統合的な情報システムによって管理される。それら情報の保管と部門間の共有化は、生産管理の成否、ひいては原価管理の成否にもかかわる。そのため、生産管理部門には、情報システム部門との緊密な協調が強く求められる。

生産活動は設計図をもとに製品を製造する。生産のために用いられる技術と製造原価は深い関係を有している。すなわち、Q（品質）とD（納期・生産性）の達成度あるいは充足度が原価の発生を左右するので、生産活動における原価を把握するためには技術に対する知識も必要となる。

ここでは、生産管理において原価をとらえるために必要な技術に関する知識を整理する。製品の設計図には、さまざまなタイプの因子（要素）が転写される。これらの因子の決定事項は製造原価の大小に大きく影響する。

○タイプⅠ──型を使う【鋳造、塑性加工、粉末冶金、プラスチック成形】

　・Qの因子──型の品質
　・Dの因子──型交換時間（付加価値を生まない時間）

○タイプⅡ──**不要部分を除去する**【機械加工、溶断、特殊加工】
・Qの因子──加工物の品質、加工方法の精度（原材料の品質、加工設備の加工精度）
・Dの因子──加工物の取り付け・取り外し時間（付加価値を生まない時間）
○タイプⅢ──**組織や表面を変える**【熱処理、表面処理】
・Qの因子──物理的条件の再現（物理的・化学的変化の原理）
・Dの因子──Qの因子に準じる
○タイプⅣ──**要素を組み合わせる**【溶接、組立】
・Qの因子──組み合わせる個々の要素の品質
・Dの因子──組立性や分解性を配慮した設計

　タイプⅠにおいて、所期の品質を実現するためには型そのものの品質・精度が製品にそのまま転写される。したがって、達成したい品質の製品を作ろうとするならば目的を達成できる精度の型を準備することが不可欠であり、このタイプの技術は型の管理に重点を置かなくてはならない。また、型を使って加工する原材料の品質や加工条件などにも配慮が必要である。型を使う技術には必然的に型交換を伴うのでこの時間は**付加価値**を生まない。付加価値を生まない時間を極小化するには、**標準化**を進め、シングル段取やワンタッチ交換といった工夫により不稼働時間を短縮するために、**IE**や**VE**などの管理技術のほか**5S**運動などを駆使する必要がある。

　タイプⅡにおいて、品質条件を実現するためには加工対象の原材料の品質が条件に適合していることが絶対の条件であり、原材料や部品を供給する産業・企業もしくは前工程の技術の技術水準に依存する。さらに加工設備の加工精度が維持されており、かつ使用する工具や加工条件が適切に守られていなくてはならない。この技術では加工物や工具の交換といった付加価値を生まない時間を避けることができない。この**不稼働時間**を短縮するためにさまざまな検討が求められる。

第1節●原価管理の基本的な考え方

タイプⅢは物理変化や化学変化を利用する。この技術において品質条件は物理変化や化学変化に依存するので、原理に反することはできない。したがって、実験室などで実験されて裏づけのある条件を工場で再現しなくてはならない。たとえば、メッキ工程において納期が短いからといって、メッキ条件を変えられないということで理解されたい。時間を勝手に変えられないのがこの技術の特徴である。

タイプⅣにおける品質問題は、組み合わせる個々の要素の品質がすべてであり、1個の要素でも不適合品であれば最終製品になり得ない。組立作業の品質は個々の構成要素の前工程でのできばえに依存するが、組立作業時間は作業性の善し悪しに左右される。作業性は設計段階で解決されていなくてはならない。組み立てしやすいか、ライフサイクルの終わりで分解しやすいか、再生や廃棄の場合に環境負荷はどうかなどについて、設計段階で検討する動きとして**コンカレントエンジニアリング**などがある。

使用する技術のタイプによって原価発生の特徴と管理ポイントが異なることから、どの技術を用いるかは生産方式のあり方と原価の発生を左右する大きな問題点である。Qをいかにして維持するか、そして、Dをいかにして実現するかはこれら固有技術の水準の高さに依存しており、技術水準は結果としてCの発生に敏感に反映されることになる。すなわち、技術水準が高くて安定したものでなければ要求された品質のものは作れず、計画した加工時間を実現できず、その結果リードタイムを守れないために、顧客の求めるものを提供できないことになる。生産活動における原価はこれら固有技術の水準の高さに左右されるので、技術水準の維持・伝承に力を注ぐことはもちろんのこと、より強い競争力を確保するために新しい技術の獲得・吸収を怠ってはならない。

図表2-1-5に示しているのは、加工のタイプに関連するQとDの因子である。QとDを管理することは、とりもなおさずCを管理することにほかならない。製品設計技術者はもちろんのこと、生産活動に携わる多くの技術者、製品の企画を行うマーケティング部門、販売を担当する

第2章●原価管理

図表2-1-5●加工のタイプとQの因子、Dの因子

タイプ	内容	Qの因子	Dの因子
Ⅰ 型を使う	鋳造 塑性加工 粉末冶金 プラスチック成形	型の品質 型を使う原材料の品質	型交換時間
Ⅱ 不要部分の 除去	機械加工 溶断 特殊加工	加工対象の品質 上流産業・前工程の品質	加工対象の取り付け・取り外し時間 工具の交換時間 計測・測定時間
Ⅲ 組織や表面を 変える	熱処理 表面処理	実験室の再現	Qの因子に準じる
Ⅳ 要素を 組み合わせる	溶接 組立	個々の要素の品質	組立・分解性を考慮した設計

＊加工技術に関する詳しい知識は専門書を参照されたい

営業部門の人たちにも、これらの意識と知識をもってもらうことが肝要である。

第2節 ● 原価の構成

第2節 原価の構成

学習のポイント

◆生産管理に関連する原価の諸概念と原価の構造を理解する。
◆原価把握の具体的な手法について理解する。
◆損益分岐点分析について理解する。

1 製造原価と総原価

　生産活動に伴い原価が発生する。最終的には損益計算書（P/L）にまとめられるが、その前段階に原価計算がある。1962（昭和37）年に実践規範として設定された原価計算基準によれば、原価とは次のように定義されている。

① 原価は経済価値の消費である
② 原価は一定給付（ある財物を提供すること）に転嫁される価値である
③ 経営目的に関連していること
④ 正常な状態で把握されたもの

　原価の構造は図表2-2-1のように示される。すなわち、原価の3要素である材料費、労務費および経費からなる製造直接費と製造間接費の合計が製造原価であり、製造原価に販売費及び一般管理費を加えたものが総原価になる。また、販売価格から総原価を引いたものが利益となる。

　原価は次のような分類によって把握される。それぞれは異なるものを扱っているわけではなく、同じ原価の総額をそれぞれ別の見方で分類・把握しているだけである。

81

図表2-2-1 ●原価の構造

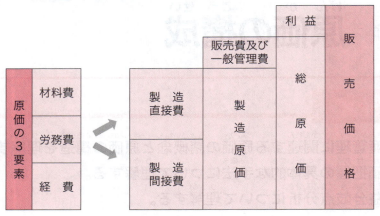

① 発生形態による分類（材料費・労務費・経費）
② 製品との関連による分類（直接費・間接費）
③ 操業度との関連による分類（固定費・変動費）

2　材料費・労務費・経費（発生形態による分類）

発生形態によって把握される原価は**原価の3要素**とも呼ばれ、原価計算の基礎となる原価概念である。

I　材料費

材料費は、物品の消費によって生じる原価である。材料費は、素材費（または原料費）、買入部品費、燃料費、工場消耗品費、消耗工具器具備品費などに細分される。材料費は製品を作るための基本であり、多くの場合、原価の大きな割合を占める。材料費は次式により求められる。

　　材料費＝材料消費量×材料単価

II　労務費

労務費は、労働力の消費によって生じる原価である。労務費は、賃金（基本給のほか割増賃金を含む）、給料、雑給、従業員賞与手当、退職給与引当金繰入額、福利費（健康保険料負担金等）などに細分される。最

第2節●原価の構成

近はほとんどの企業において年末年始や夏期休暇など休日が集中する傾向があるため、月間操業日数がばらつくことが多い。そこで、年間操業日数と労務費予算から原価計算期間（通常は1ヵ月）の負担額を求めることが多い。

Ⅲ　経費

経費は、材料費と労務費以外に発生する原価である。減価償却費、棚卸減耗費および福利施設負担額、賃借料、修繕料、電力料、旅費交通費等の諸支払経費などに細分される。経費の計算方法から分類すると、①支払経費、②発生経費、③測定経費、④月割経費に分けられる。

減価償却費は、長期間にわたって使用される有形固定資産の設備投資費用を、その資産が使用できる期間にわたって費用として計上することである。減価償却の方法には毎年一定額を償却する定額法、毎年一定率ずつ償却する定率法などがある。

3　直接費・間接費（製品との関連による分類）

詳しくは本章第3節において解説するが、原価計算において原価の集計には、大きく分けて2つの方法がある。第1の方法は賦課（直課）である。賦課は、製品との関連性が明確なものを製造直接費として扱い、製品に対して直接的に集計することである。第2の方法は配賦である。配賦は、製品との関連性が明確でないものを製造間接費として扱い、いったん部門に集計して、その後で製品に配分することである。このように、直接費と間接費に分ける分類を、製品との関連による分類という。

「発生形態による分類」と「製品との関連による分類」を組み合わせると、実務でよく使われる直接材料費、間接労務費などの原価概念が得られる。これを図表2-2-2に示す。

直接材料費には、主要材料費（原材料費）、買入部品費などがある。間接材料費には、補助材料費、工場消耗品費、消耗工具器具備品費などがある。直接労務費には、直接賃金、組立工賃金などがある。間接労務費

83

第２章●原価管理

図表２-２-２●発生形態と製品関連の組み合わせ

区　分	直　接　費	間　接　費
材料費	直接材料費	間接材料費
労務費	直接労務費	間接労務費
経　費	直接経費	間接経費

には、間接作業賃金、間接工賃金、手待賃金、休業賃金、給料、従業員賞与手当、退職給与引当金繰入額、福利費（健康保険料負担金等）などがある。直接経費には、ある特定の製品を製造するために支払った外注加工費、特許権使用料、型代、専用治工具費などがある。間接経費は、福利施設負担額、厚生費、減価償却費、賃借料、保険料、修繕料、電力料、ガス代、水道料、租税公課、旅費交通費、通信費、保管料、棚卸減耗費、雑費などがある。

4 固定費・変動費（操業度との関連による分類）

　操業度とは、「一定期間において、生産可能量に対する、実際生産量の比率をいう」（JIS Z 8141：2022-1237　注釈３）と定義される。原価には操業度に応じて発生する原価と操業度とは無関係に発生する原価がある。材料費や光熱費のように操業度が増えればそれに応じて発生額も増える原価は変動費と呼ばれる。他方、操業度のいかんにかかわらず、たとえば、給料や減価償却費のように操業度の増減と関係なく発生する原価は固定費と呼ばれる。

　この原価区分によって、限界利益という概念が生じることとなる。限界利益は次式により求められる。

　　　限界利益＝売上高－変動費

　この限界利益が固定費よりも大きく固定費をまかなえれば、利益が出ることが簡単にわかる。このように変動費に着目して計算する原価計算

84

図表2-2-3 ●損益分岐点分析

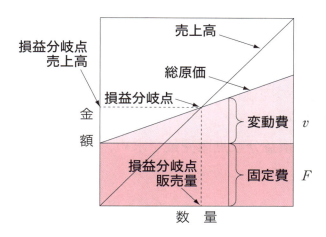

を直接原価計算（もしくは部分原価計算）と呼ぶ。また、変動費と固定費の区分は、損益分岐点分析において使用される。図表2-2-3は、損益分岐点分析で用いられる**損益分岐点図表**である。損益分岐点図表は数量（販売数量＝生産数量を仮定）を横軸に、金額（原価、売上高）を縦軸にとる。

損益分岐点分析は、C（Cost）、V（Volume）、P（Profit）を扱うことから**CVP分析**とも呼ばれる。損益分岐点の売上高と販売量は次式により求められる。

$$損益分岐点売上高 = \frac{固定費}{1 - \dfrac{変動費}{売上高}} = \frac{固定費}{1 - 変動費率} = \frac{固定費}{限界利益率}$$

$$損益分岐点販売量 = \frac{固定費}{販売単価 - 単価当たり変動費}$$

ここでは、変動費と固定費は明確に分類できるものとして扱ってきたが、現実はどうであろうか。水道料金や電話料金のように固定的な基本料金と使用量あるいは度数に比例する料金体系の場合、使用量が少ない場

合と多い場合では単位使用量当たりの基本料金負担分が変化する。したがって、この場合はすべてを変動費としては扱いにくく、**準変動費**という。

〈例題1〉

ある期における製品の売価は1,000円/個、変動費は600円/個、この期間の固定費は200万円であった。
損益分岐点売上高と損益分岐点販売量を求め、損益分岐点図表を描きなさい。

〈解答〉

損益分岐点売上高は次のとおりである。

$$損益分岐点売上高 = \frac{2,000,000}{1 - \frac{600}{1,000}} = 5,000,000 円$$

$$損益分岐点販売量 = \frac{2,000,000}{1,000 - 600} = 5,000 個$$

→図表2-2-4

図表2-2-4●例題1の損益分岐点図表

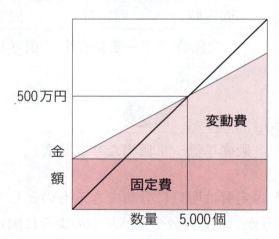

第2節 ● 原価の構成

また、損益分岐点分析の考え方は次の例題のような場合の判定においても使われる。

〈例題2〉

同一製品を生産する生産設備A、BおよびCの1ヵ月の原価資料は次のとおりである。生産数量に応じた経済的に有利な生産設備を選択せよ。

設備	変動費（円／個）	固定費（万円）
A	150	50
B	130	100
C	110	200

〈解答〉

AとBの総原価（固定費＋変動費）の分岐点をxとすると、xは次式により求められる。

$$150x + 500,000 = 130x + 1,000,000$$
$$x = 25,000 \text{個}$$

同様にBとCの総原価の分岐点をyとすると、yは次式により求められる。

$$130y + 1,000,000 = 110y + 2,000,000$$
$$y = 50,000 \text{個}$$

上記から生産量が25,000個まではA設備、生産量が25,000個以上50,000個未満ではB設備、50,000個以上ならばC設備が有利となる。→図表2 -2-5

5 製品開発から生産実施までの原価概念

製品の開発から生産の実施に至るまでに用いられる原価概念を図示す

図表2-2-5●例題2の損益分岐点図表

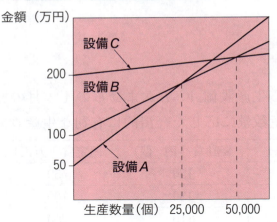

図表2-2-6●製品開発から生産実施までの原価概念

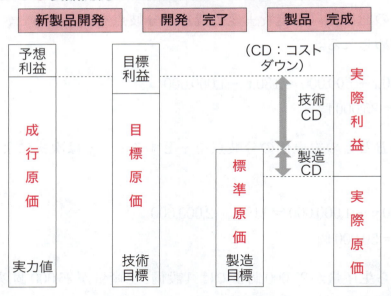

出所：橋本賢一『よくわかる原価のしくみ』日本能率協会マネジメントセンターを一部加筆

ると図表2-2-6のようになる。原価は、それがとらえられる局面に応じて算定された方法や管理のねらいによって区別される。
　まず新製品開発・設計にあたって**原価見積もり**が行われ、**成行原価**が

第2節●原価の構成

算定される。これは現行の技術をもとに見積もられる。次いで目標利益が定められると、許容原価の算定を経て、最終的に目標原価が示されて開発が進められる。その開発の間にも継続的に原価見積もりが行われ、目標原価と原価見積もりの数値が対比され、それらの差異を埋めるための原価低減の策が検討される（→本章第4節）。その原価低減の策として、原材料の選択、購買方法の検討、使用設備の検討、作業方法の見直しなど技術面での検討がなされる。

　新製品開発・設計が終わって製造段階に移行する際に、標準原価が設定される（→本章第3節3）。標準原価は、設計段階での目標原価の達成度、製造の初期流動段階の製造原価などをもとに、標準の操業度において標準の方法によって達成されるべき原価として設定される。製造段階での原価維持の方法である標準原価管理において標準原価と実際原価が対比され、差異分析が行われる。製造段階での原価改善の実施によってコストダウンが達成できたときには、そのコストダウンの成果を新たな標準原価に反映させる。

6　原価概念の整理

1）生産過程の推移による区分

○成行原価──現行の技術をもとに見積もった原価である。競争環境を配慮するとこのままの原価が通用するわけがなく、原価低減を前提として、もしくは努力目標としての目標原価を設定することによって原価管理が実施される。成行原価は見積原価とも呼ばれる。

○許容原価──市場によって決まる予定売価から、経営層が経営目標として株主の期待に応える目標利益を差し引いて算定される原価水準である。

○目標原価──一般に成行原価では目標利益を実現することはできない。一方で、設定された許容原価ではすぐには達成が難しく、動機づけの観点から合理的でない場合もある。そこで、許容原価と成行

第2章 ● 原価管理

原価とのすり合わせをして、製品開発・設計段階における必達目標としてコストダウン目標を設定する。それが目標原価である。

○**標準原価**──標準の操業度において、標準の方法に対して、標準の能率（生産性）と標準の原価率を適用して算出される原価である。

○**実際原価**──価格については実際価格、または予定価格、消費量については実際消費量をもとに計算した原価である。

2）製品原価と期間原価との区分

○**製品原価**──ある特定の製品ごとに集計された原価である。製造原価は、費目別計算、部門別計算を経て製品別原価として求まる（→本章第3節）。

○**期間原価**──一定期間における発生額で、販売費及び一般管理費などのように当期の収益と対応させて把握する原価である。製品原価とは異なり、一般管理費や販売費は期間を定めて把握するほかに手立てがない。損益計算書において、売上高から売上原価を差し引いて売上総利益を求めた後、販売費と一般管理費を期間原価として差し引いて営業利益を求める。このように期間収益に対応させる原価を期間原価という。

3）全部原価と部分原価の区分

○**全部原価**──原価要素ごとに集計して求めた製造原価に、販売費と一般管理費を合計した原価である。

○**部分原価**──計算目的によって特定の原価要素だけを集計したもの。代表的なものに変動費だけを集計した直接原価（変動原価）がある。これは、あいまいさが残る固定費の配賦計算をせずに、変動費だけを計算対象にするものである。

4）機会原価と埋没原価の区分

○**機会原価**（Opportunity Cost）──いくつかの代替案から1つの選択肢を選んだために、他の選択肢を選んだときに得られたであろう利益（断念される利益）または発生したであろう原価。これは実際の原価として発生していないが、意思決定の際には必要となる。特に

設備投資や製品選択といった意思決定問題において判断基準となる。

○**埋没原価**（Sunk Cost）——過去において発生し回収不能になった投資額のように、将来に向けた意思決定（代替案の選択）に影響を及ぼさない原価である。設備投資において新たに導入する新設備と旧設備を比較する場合、旧設備の残存価値がこれに当たる。

5）部門個別費と部門共通費の区分

○**部門個別費**——特定の部門において直接消費されることが明らかな材料費、労務費および経費をその部門の費用として集計したもの。

○**部門共通費**——特定の部門で直接消費されないで全体の部門にかかわる共通費用として扱われる労務費、減価償却費、賃借料、福利厚生費などを各部門の活動量に応じて配賦する。

第2章●原価管理

第3節 原価計算

学習のポイント

◆「費目別計算→部門別計算→製品別計算」という実際原価計算の手順を学び、例題で理解する。
◆標準原価計算と差異計算を例題で理解する。

---

1 原価計算

（1）生産活動のきっかけと原価計算方法

製造業において、生産方式は大きく分けて2つある。
① 製品の品質・納期・数量・価格などを客先（相手先）によって指定されて生産する
② 製品の品質・価格・生産期間などを自社で決定して生産する
前者は受注生産、後者は見込生産と呼ばれ、生産形態や管理方式が大きく異なるとともに原価計算方式も異なる。

受注生産の企業においては、客先の指定した製品を作るために原材料の調達から生産設備の準備、作業者の手配までを注文が替わるたびに行う必要がある。管理の重点項目は、指定された納期を守ることに置かれ、日程管理が重要になる。原価計算は注文ごとに行われ、製造指図書もしくはオーダナンバー別に原価元帳（原価集計ファイル）を用意して、原価を集計し、原則として製造が完了した時点で原価元帳が締め切られて原価計算が行われる。この原価計算を個別原価計算あるいは指図書別原価計算と呼ぶ。

直接材料費や直接労務費は、出庫伝票や作業表に記入された指図書番

号の原価元帳に集計される。製造間接費は、それぞれの部門で集計されたものを作業時間や消費した材料費などを基準にして配賦される。

他方、大量生産を前提とした見込生産において、個別原価計算を適用することは、計算するためにかかるコストと比較して計算の結果から得られる便益が得られない場合が多い。そこで、このような見込生産における原価計算として、総合原価計算が行われる。見込生産の場合は、製品の完了時期がはっきりしないため、原価計算期間（通常1ヵ月）を定め、期末の完成品と仕掛品に分けて、それぞれの原価を計算する。→図表2-3-1

総合原価計算は、まず原価計算期間を定め、この1期間に発生したすべての原価要素を集計して当期製造費用を求める。これに期首仕掛品原価を加え、この合計額（これを**総製造費用**という）を完成品と期末仕掛品とに分割計算することにより完成品原価を計算し、これを製品単位に均分して単位原価を計算する。完成品と期末仕掛品に分割することから分割の原価計算ともいう。

総合原価計算では、直接材料費と加工費に分けて完成品原価と期末仕掛品原価を計算する。**加工費**は、製造原価のうち直接材料費以外の直接労務費、直接経費、間接材料費、間接労務費および間接経費を合計したものである。

図表2-3-1 ●完成品原価と仕掛品原価

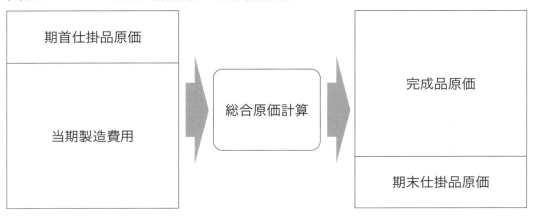

第2章●原価管理

1つの計算期間における期首と期末の仕掛品には次式の関係が成り立ち、期末仕掛品原価は次期の期首仕掛品原価となる。→図表2-3-2

期首仕掛品原価＋当期製造費用＝完成品原価＋期末仕掛品原価

図表2-3-2●期首仕掛品原価と期末仕掛品原価

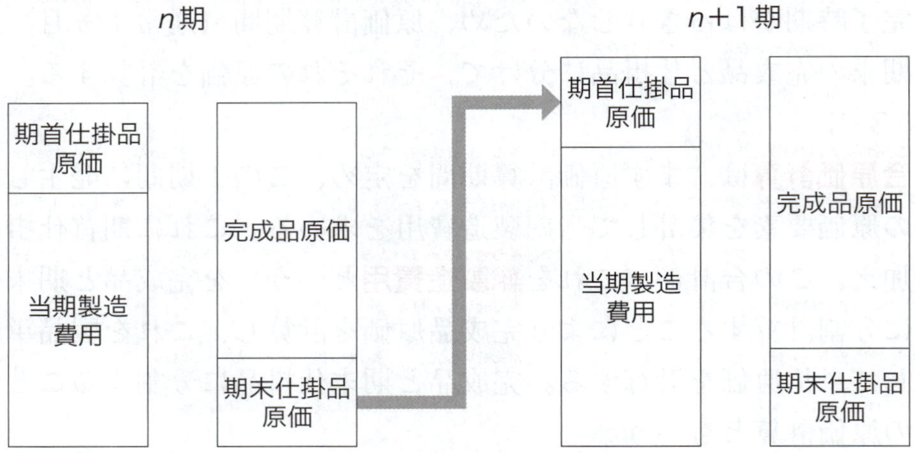

同様に、1つの計算期間における期首と期末の製品棚卸高には次式の関係が成り立ち、期末製品棚卸高は次期の期首棚卸高となる。→図表2-3-3

期首製品棚卸高＋当期完成品原価（製品原価）＝売上原価＋期末製品棚卸高

総合原価計算は生産形態に応じて多様な原価計算方法が考案されている。

① **単純総合原価計算**──単一工程で単一製品を繰り返し製造する場合に適用される原価計算である。総合原価計算法の基礎形態である。

② **工程別総合原価計算**──単一製品を2つ以上の連続する工程で生産する場合の原価計算である。完成するまで複数の工程を経る場合に、その工程ごとに原価計算を行う。

94

図表2-3-3 ●期首製品棚卸高と期末製品棚卸高

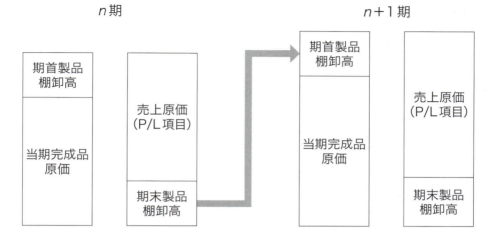

③ **加工費工程別総合原価計算**──第1工程においてのみ原材料が投入され、第2工程以降は加工のみがなされる生産形態に適用される原価計算である。

④ **組別総合原価計算**──同一工程で異なる製品グループが生産される生産形態に適用される原価計算である。

⑤ **等級別原価計算**──同一工程でサイズ、型、等級などが異なる製品を生産する生産形態に適用される原価計算である。

⑥ **連産品原価計算**──石油精製のように同一原材料からグレードの異なる製品が産出される場合に適用される原価計算である。

〈例題〉
　次の資料に基づいて、単純総合原価計算により、月末仕掛品原価、完成品原価および完成品単位原価を算出し、総合原価計算表を完成させなさい。完成品総合原価と月末仕掛品原価を計算する方法として、平均法を用いる。なお、月初仕掛品はなく、直接材料は、工程の始点で投入されるものとする。

第2章●原価管理

〈資料〉

〔生産情報〕

当月投入数量 　　1,000個
当月完成品 　　　800個
月末仕掛品 　　　200個（50%）
当月産出数量合計 　1,000個

※（ ）の数字は加工進捗度である。

〔当月製造費用の内訳〕

	直接材料費	加工費	合計
当月製造費用	9,000,000円	7,200,000円	16,200,000円

〈解答〉

　生産情報にある仕掛品とは、完成に至っていない製造途中のものである。加工進捗度とは、完成品を100%とした仕掛品の完成度合いを表している。仕掛品の総合原価計算にある当月製造費用とは、製品製造のために消費された直接材料費および加工費である。なお、加工費は、製造原価のうち直接材料費以外の直接労務費、直接経費、間接材料費、間接労務費および間接経費を合計したものである。

　総合原価計算では、原則として、月初仕掛品と当月製造費用を直接材料費と加工費に分けて、当月完成品原価と月末仕掛品原価を算出する。例題では平均法を利用している。

　平均法は、月初仕掛品原価と当月製造費用を合計した金額を、当月投入産出数量の合計で除して平均単価を求め、平均単価と月末仕掛品数量の積で月末仕掛品原価を算出する。

　月末仕掛品原価に含まれる直接材料費を算出すると、次式により求められる。

$$平均単価（直接材料費分）＝\frac{月初仕掛品＋当月製造費用}{完成品数量＋月末仕掛品数量}$$

$$＝\frac{0円＋9,000,000円}{800個＋200個}＝9,000（円／個）$$

月末仕掛品原価（直接材料費分）

$$＝9,000円／個×200個＝1,800,000円　…（1）$$

　完成品原価に含まれる直接材料費は、当月投入した直接材料費（月初仕掛品原価および当月製造費用に含まれる直接材料費の合計）と月末仕掛品に含まれる直接材料費の差で算出される。

　当月完成品原価（直接材料費）

$$＝当月投入した直接材料費－月末仕掛品原価（直接材料費分）$$

$$＝9,000,000円－1,800,000円＝7,200,000円　…（2）$$

　次に月末仕掛品原価に含まれる加工費を算出する。完成品原価と月末仕掛品原価に含まれる加工費を算出するためには、加工進捗度を考慮する必要がある。直接材料費においては、「直接材料は工程の始点で投入される」としていることから、完成品と月末仕掛品の数量に応じて、それぞれの単位当たりの原価に直接材料費が等しく含まれている。

　それに対して、加工費において月末仕掛品の加工進捗度が50％となっている。加工進捗度50％の意味は、仮に、完成品1個に10,000円の加工費が消費されているとすれば、月末仕掛品1個には、5,000円分（10,000円×50％）の加工費が消費されているということである。つまり、前述の月末仕掛品原価に含まれる直接材料費と同様に、平均単価と月末仕掛品の数量の積で算出することはできない。加工進捗度を考慮した完成品原価および月末仕掛品原価を算出するためには、仕掛品数量を完成品の数量に換算した数量、すなわち、完成品換算数量を用いて計算する。完成品換算数量は、仕掛品数量と加工進捗度の積により算出される。

　月末仕掛品原価に含まれる加工費は、次式により求められる。

第2章●原価管理

$$\text{平均単価(加工費分)} = \frac{\text{月初仕掛品} + \text{当月製造費用}}{\text{完成品数量} + \text{月末仕掛品数量(完成品換算数量)}}$$

$$= \frac{0\text{円} + 7{,}200{,}000\text{円}}{800\text{個} + 200\text{個} \times 50\%} = 8{,}000\text{円}/\text{個}$$

月末仕掛品原価(加工費分)

$$= 8{,}000\text{円}/\text{個} \times (200\text{個} \times 50\%) = 800{,}000\text{円} \quad \cdots (3)$$

完成品原価に含まれる加工費は、当月投入した直接材料費(月初仕掛品原価および当月製造費用に含まれる加工費の合計)と月末仕掛品に含まれる加工費の差で算出される。

当月完成品原価(加工費分)

$$= \text{当月投入した加工費} - \text{月末仕掛品原価(加工費分)}$$

$$= 7{,}200{,}000\text{円} - 800{,}000\text{円} = 6{,}400{,}000\text{円} \quad \cdots (4)$$

以上から、月末仕掛品原価および完成品原価は、それぞれに含まれる直接材料費と加工費を合計することで算出される。また、完成品単位原価は、完成品原価を完成品数量で除して算出される。

月末仕掛品原価 = (1) + (3) = 1,800,000円 + 800,000円 = 2,600,000円
完成品原価 = (2) + (4) = 7,200,000円 + 6,400,000円 = 13,600,000円
完成品単位原価 = 完成品原価 ÷ 完成品数量

$$= 13{,}600{,}000\text{円} \div 800\text{個} = 17{,}000\text{円}/\text{個}$$

2 実際原価計算

実際原価計算は次のような手順を踏んで行われる。

① 費目別計算
　・材料費・労務費・経費ごとの集計
② 部門別計算
　・部門ごとの原価責任を明らかにするための集計
　・部門個別費の賦課と部門共通費の配賦

・補助部門費の製造部門への配賦
③ 製品別計算
・生産方式に応じた計算（個別原価計算か総合原価計算か）
・製品別原価の計算

　工場は製造部門と補助部門に分けられ、補助部門はさらに補助経営部門と工場管理部門に分けられる。工場を部門分けするのは、原価計算において費用把握をしやすくするためである。以下では、工場を2つの製造部門と3つの補助部門からなるものと想定して、A製品およびB製品の2製品の個別原価計算の例題を考える。

（1）部門の設定

　工場には製造部門に加工部門と組立部門があり、補助部門には運搬部門、修繕部門、工場管理部門があるものとする。→図表2-3-4

図表2-3-4 ● 工場の部門

（2）製造部門と補助部門に関する基礎資料

　各部門に発生した費用と関連する基礎情報について、図表2-3-5に製品に関する資料、図表2-3-6に部門に関する資料、図表2-3-7に部門費に関する資料が示されている。費目別計算についてはこれら資料を参照していただきたい。

第2章●原価管理

図表2-3-5●製品に関する資料

製品	材料費 (円/個)	加工時間 (時間/個)	
		加工部門	組立部門
A	150,000	50	60
B	200,000	30	60

図表2-3-6●部門に関する資料

部門名	総作業時間 (時間)	従業員数 (人)	占有面積 (m^2)
加工部門	2,000	12	150
組立部門	3,000	18	350

図表2-3-7●部門費に関する資料 (円)

部門名	加工部門	組立部門	運搬部門	修繕部門	管理部門
労務費	5,000,000	7,800,000	3,300,000	1,570,000	6,700,000
部門費					
減価償却費	1,550,000	1,360,000	880,000	210,000	1,220,000
福利厚生費	750,000	920,000	475,000	110,000	1,180,000
水道光熱費	1,000,000	410,000	320,000	80,000	330,000
旅費交通費	85,000	60,000	0	10,000	410,000
通信費	15,000	50,000	25,000	20,000	160,000
小　計	3,400,000	2,800,000	1,700,000	430,000	3,300,000
合　計	8,400,000	10,600,000	5,000,000	2,000,000	10,000,000

（3）補助部門費の製造部門への配賦

　補助部門は直接的には製造活動にかかわりをもたないので、補助部門である運搬部門、修繕部門、管理部門の原価を製品と関連づけることができない。そこで考案されたのが配賦であり、ここでは、補助部門費を加工部門と組立部門へ配賦する。また、割り振り計算をする根拠となる項目を配賦基準という。配賦計算は、直接配賦法、階梯式配賦法、相互配賦法などがある。ここでは直接配賦法を用いることにする。

第3節●原価計算

補助部門費の配賦基準：
　　運搬部門費は作業時間比で配賦
　　修繕部門費は占有面積比で配賦
　　管理部門費は従業員比で配賦　するものとする。
運搬部門費：加工部門　5,000,000円×｛2,000/(2,000＋3,000)｝
　　　　　　　　　　　＝2,000,000円
　　　　　　組立部門　5,000,000円×｛3,000/(2,000＋3,000)｝
　　　　　　　　　　　＝3,000,000円
修繕部門費：加工部門　2,000,000円×｛150/(150＋350)｝＝600,000円
　　　　　　組立部門　2,000,000円×｛350/(150＋350)｝＝1,400,000円
管理部門費：加工部門　10,000,000円×｛12/(12＋18)｝＝4,000,000円
　　　　　　組立部門　10,000,000円×｛18/(12＋18)｝＝6,000,000円
　この配賦計算の結果、加工部門では15,000,000円、組立部門では21,000,000円の製造部門費となった。→図表2-3-8

図表2-3-8●直接配賦法による補助部門費の配賦

費　　目	総　　額	製造部門		補助部門		
		加工	組立	運搬	修繕	管理
部門費	36,000,000	8,400,000	10,600,000	5,000,000	2,000,000	10,000,000
運搬	5,000,000	2,000,000	3,000,000			
修繕	2,000,000	600,000	1,400,000			
管理	10,000,000	4,000,000	6,000,000			
製造部門費合計	36,000,000	15,000,000	21,000,000			

（4）製品原価の計算

　次に製品別計算を行う。加工部門の総作業時間は2,000時間、組立部門の総作業時間は3,000時間であるから、
　　加工部門の時間単価は　15,000,000円/2,000時間＝7,500円/時間
　　組立部門の時間単価は　21,000,000円/3,000時間＝7,000円/時間
となる。消費された材料費と製品別作業時間の資料から、各製品原価が

101

次のように計算できる。

A製品の製造原価：

150,000円（材料費）＋（50時間×7,500円＋60時間×7,000円）

＝150,000円＋（375,000円＋420,000円）

＝945,000円

B製品の製造原価：

200,000円（材料費）＋（30時間×7,500円＋60時間×7,000円）

＝200,000円＋（225,000円＋420,000円）

＝845,000円

3 標準原価計算

実際原価計算が扱うデータは実績として得られた過去のデータであり、算出された製品原価や製品単位原価はあるべき原価の水準を示しているとはいえない。したがって、実際原価計算は過去の事実の測定と報告の働きをするものの、原価の水準がどの程度であるべきかが明示的でなければ、原価維持の機能は果たせない。そこで標準原価計算が考案された。

標準原価計算の管理サイクルは、以下のステップを踏んで行われる。

① 計画（Plan）——原価標準の設定

② 実施（Do）——生産活動の実施と実際原価の測定

③ 評価（Check）——標準原価と実際原価の差異分析、原因の追求

④ 対策（Act）——原価標準の改定、改善案や是正措置の策定や実行

生産活動において原価の標準を定めておいて、実施した実績原価と比較・分析（差異分析）し、差異が発生した理由が承認されうるものであれば、次に設定する標準の見直しをして管理サイクルを確立しようというものである。

原価標準とは、材料費・労務費・経費の各原価項目に対して設定された1単位当たりの標準的な原価である。原価標準として、金銭面の標準価格（材料価格、賃率、配賦率）と数量面の標準消費量（材料数量、作

業時間、操業度）の双方を設定する。たとえば、直接材料費であれば、標準消費価格と標準消費数量を設定する。**標準原価**は、製品1単位に対して、科学的に予定された原価であり、次式により求められる。

標準原価＝標準価格（予定価格または正常価格）×標準消費量

標準原価には次のような働きがある。
① 具体的な原価数値目標を示す（Plan）──達成すべき目標が金額で示されることによるモチベーションの向上
② 部門の業績を評価する（Do）──部門の業績を標準原価と実際原価で示すことにより達成度が理解されやすくなる
③ 標準原価と実際原価との比較による問題点の把握（Check）──差異分析により問題点が把握できるので、原価の標準値の設定に問題があるのか、あるいは実施上に問題があるのかのいずれかについて問題点が明らかになる
④ 原価の迅速な把握（Act）──原価標準を使って原価を計算するので、実際原価のデータを使った費目別計算・部門別計算を待たずに原価計算を迅速に行うことができる。また仕掛品の評価など、金額で評価を迫られる問題の解決に役立つ（ただし、この点についてはICT普及以前の利点である。ICTが普及した現在では、実際原価も迅速に把握可能である）

標準原価は客観的かつ科学的に定められなくてはならない。したがって、標準原価の設定に際しては、生産管理部門だけではなく製造部門、購買部門、技術部門、設計部門などの関係部門の協力が必要になる。費目ごとの標準原価は次のように設定される。

① 標準直接材料費
標準直接材料費＝材料標準価格×標準材料消費量
② 標準直接労務費
標準直接労務費＝標準賃率×標準作業時間

第2章●原価管理

③　標準直接経費

標準直接経費＝標準単価×標準消費量

④　標準製造間接費

標準製造間接費＝標準配賦率×標準配賦基準数値

　製造間接費は多くの場合、固定費的な性格と変動費的な性格を有しているので、基準操業度〔標準値を定める期間における操業度（一定期間における設備や人の利用の度合い）〕に応じた金額を算出する必要がある。

4　原価差異分析

（1）原価差異分析の目的

　標準原価計算の特徴は、標準値を設定して実施後の実績値と標準値を比較・分析し、差異が生じた場合にその原因が容認できるものか否かを判定して、次の標準値の設定に反映させるところにある。この実績値と標準値との比較・検討を差異分析という。標準値よりも実績値が大きい場合の差異は、売上原価を増加させ、利益を少なくしてしまうため、不利差異と呼ぶ。また、標準値よりも実績値が小さい場合の差異は、逆に売上原価を低減させ、利益を大きくできるので、有利差異と呼ぶ。

（2）直接材料費の差異

　直接材料費の原価差異は価格差異と数量差異（消費量差異）に分割される。→図表2-3-9

直接材料費差異＝標準直接材料費－実際直接材料費

　　　　　　　＝価格差異＋数量差異

価格差異＝（標準価格－実際価格）×実際消費量

数量差異（消費量差異）＝（標準消費量－実際消費量）×標準価格

図表2-3-9 ●材料費の差異分析

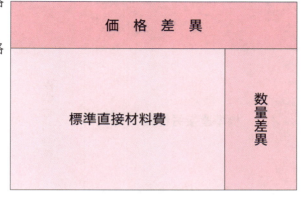

〈例題〉

1,000円/kgの原材料を300kg使用する標準を設定していたが、実績値は購入価格が1,100円/kgで実際消費量が320kgであった。

価格差異＝(1,000円－1,100円)×320kg＝－32,000円
(32,000円の不利差異)

数量差異(消費量差異)＝(300kg－320kg)×1,000円＝－20,000円
(20,000円の不利差異)

価格差異の生じる理由には、市場価格変動の予測違い、購買方法の不適切、在庫管理の手違いなど資材購買部門の責任に属する場合が多いが、為替相場の急変のような外的な要因も考えられる。また、数量差異は製造活動における不適合品の発生、作業者のミスなど製造部門の責任に起因する要因が考えられる。

(3) 直接労務費の差異

直接労務費の原価差異は**賃率差異**と**作業時間差異**に分割される。→図表2-3-10

第２章 ● 原価管理

図表２-３-10 ● 労務費の差異分析

$$\text{直接労務費差異} = \text{標準直接労務費} - \text{実際直接労務費}$$
$$= \text{賃率差異} + \text{作業時間差異}$$
$$\text{賃率差異} = (\text{標準賃率} - \text{実際賃率}) \times \text{実際作業時間}$$
$$\text{作業時間差異} = (\text{標準作業時間} - \text{実際作業時間}) \times \text{標準賃率}$$

〈例題〉

　標準賃率2,000円/時間、標準作業時間2,000時間という標準を設定していたが、実績値は作業時間が2,150時間で支払賃金は5,160,000円であった。

$$\text{賃率差異} = (2,000\text{円} - 5,160,000\text{円}/2,150\text{時間}) \times 2,150\text{時間} \fallingdotseq -860,000\text{円}$$
$$(860,000\text{円の不利差異})$$

（※実際賃率 = 実際賃金 / 実際作業時間）

$$\text{作業時間差異} = (2,000\text{時間} - 2,150\text{時間}) \times 2,000\text{円} = -300,000\text{円}$$
$$(300,000\text{円の不利差異})$$

106

図表2-3-11 ● 製造間接費の差異分析

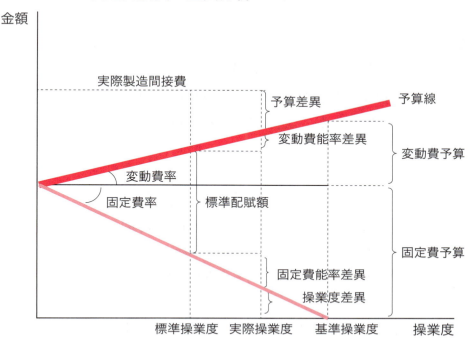

（4）製造間接費

一般的に、製造間接費は材料費、労務費、経費を分けず、一括して差異分析を行う。いくつかの差異分析の方法があるが、ここではその1つを紹介する。→図表2-3-11

固定費率＝固定費予算／基準操業度
変動費率＝変動費予算／基準操業度
標準配賦額＝（固定費率＋変動費率）×標準操業度
製造間接費差異＝標準配賦額－実際製造間接費
予算差異＝実際操業度における変動予算許容額－実際製造間接費
　※実際操業度における変動予算許容額＝固定費予算＋変動費率×実際操業度
変動費能率差異＝（標準操業度－実際操業度）×変動費率
操業度差異＝（実際操業度－基準操業度）×固定費率

第2章 ● 原価管理

$$固定費能率差異＝（標準操業度－実際操業度）×固定費率$$

〈例題〉

基準操業度（作業時間）が1,000時間であり、このときの製造間接費の予算は、変動費が600,000円、固定費が1,000,000円であった。標準操業度は750時間であったが、実際操業度は800時間であり、製造間接費は1,500,000円であった。

固定費率＝1,000,000円/1,000時間＝1,000円/時間
変動費率＝600,000円/1,000時間＝600円/時間
標準配賦額＝1,600円/時間×750時間＝1,200,000円
製造間接費差異＝1,200,000円－1,500,000円＝－300,000円

（300,000円の不利差異）

予算差異＝（1,000,000円＋600円/時間×800時間）－1,500,000円
　　　　＝－20,000円　　　　　　　　　　（20,000円の不利差異）
変動費能率差異＝（750時間－800時間）×600円/時間＝－30,000円

（300,000円の不利差異）

操業度差異＝（800時間－1,000時間）×1,000円/時間
　　　　　＝－200,000円　　　　　　　（200,000円の不利差異）
固定費能率差異＝（750時間－800時間）×1,000円/時間＝－50,000円

（50,000円の不利差異）

第4節 ● 原価企画

第4節 原価企画

学習のポイント

◆原価（コスト）は、製品の開発・設計段階でほぼ決定される。
◆原価企画の重要性と原価引き下げの進め方について理解する。
◆原価企画活動のステップについて理解する。
◆製品開発から生産実施までの原価概念と目標原価のあり方について理解する。

1 原価企画の意義

（1）利益の作り込み

　原価企画において、利益の作り込み、あるいは原価の作り込みと呼ばれる重要な概念がある。利益の作り込みは、市場から与えられた価格設定の中で株主が許容しうる適正な利益を得るために、製品の価値もしくは品質を落とさず徹底的に原価を低減させることを意味する。原価低減に着目した呼び方が原価の作り込みであり、原価低減によって達成される利益の向上に着目した呼び方が利益の作り込みである。
　原価企画はなぜ必要とされたのかを考えるには、製品業における発想の転換を理解する必要がある。かつて市場構造が売り手市場、すなわち製造する側の供給能力が市場の需要能力を下回っていて、「作れば売れる」時代には、次式のように原価に利益を加えて売価としていた。

　　　原価＋利益＝売価

　しかし、市場構造が買い手市場の時代になると、製品には高機能が求

109

第2章 ● 原価管理

められライフサイクルも短くなった。売価は変化の激しい市場もしくは消費者によって定められる傾向がますます強まり、企業が存続するために、利益をいかに確保するかがいっそう重要な課題になった。つまり、原価は、成り行きに任せて発生した原価を集計したり、分析したりするだけではなく、利益の確保を実現するために主導的な働きを担うようになってきた。すなわち、本章第1節2で示した次式により求められる原価数値が必達目標として取り扱われ、諸計画をリードする時代になったのである。

予定売価－目標利益＝許容原価

ただし、この式が本当の意味をもつのは、実現可能性が技術的に裏づけられている場合においてのみである。製品を作るために必要な原材料の材質や使用量を決めるのは技術であり、その製品を作るために使用する機械・設備や加工方法を決めるのも技術である。これらの技術を念頭に置いて作図されたものが設計図であり、設計図を作成する過程が設計である。設計過程は原価とはかけ離れた領域のように見受けられるが、実は原価と密接な関係を有している。

本章第1節3で示したとおり、材質の選択、製品の形状、大きさおよび加工精度は、製品を作るために決定されなくてはならない最低条件であり（→前掲図表2-1-4）、これが原価を決定する基本情報となる。すなわち、材質、形状、寸法は原材料の使用量を決定し、材料費算出の基礎となる。また、材質、形状、寸法ならびに仕上がり加工精度によって、使用する加工設備、作業方法、工程編成など、場合によっては作業者を指定したり、作業時間を設定したりすれば、それによって加工費が規定される。すなわち、直接材料費と直接労務費など原価のほとんどは設計段階で決まってしまうのである。

製造業において、生産過程での改善努力が原価引き下げ効果を上げることはありうる。しかしながら、設計過程における改善努力はその数倍もの効果を生み出すのである。利益増大を念頭に置いて原価改善を推進

しようとするならば、技術者、特に製品設計技術者を原価改善チームに含めることが不可欠であり、それが成否を決める鍵となる。

（2）コストの推移とコストダウン

　設計活動の成果は設計図として示される。設計図が完成するまでには多くの資料検索や検討、討議がなされるが、おおまかなステップを示すと図表2-4-1のようになる。
　原価（コスト）は消費した原材料と製造に消費された時間を変数とする関数である。直接材料費は消費した物量に比例して発生し、加工費は消費された作業時間に比例して発生する。生産活動に移行するのに先立って設計が行われるが、設計活動において考慮されるべきは、大きく分

図表2-4-1 ●設計活動の守備範囲

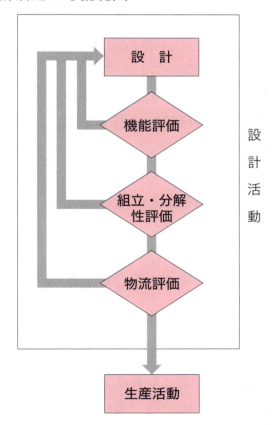

けて、以下の３つのポイントである。
① 製品の機能が過不足なく発揮できるかの観点から見る機能評価
② 製品を組み立てる作業段階で組み立てしやすいか、分解・廃棄する段階で分解しやすいか否かの組立・分解性評価
③ 製品を顧客に届けるまでの物流過程において問題が起きないかの物流評価

図表2-4-1において、機能評価では、使い手の視点に立脚し、使いやすさ、性能・機能の面において過不足ないものであるかどうかの顧客満足を評価する。組立・分解性評価では、作り手の視点に立脚し、組立性や分解性などの作業のしやすさを評価する。物流評価では、運び手の視点に立脚し、運びやすさを評価する。

これらの３つのポイントはそれぞれ計画機能をもち、技術的要素の多くを決定するので結果的に多くのコスト要因を決定することになる。この設計に基づいて生産活動に移行すると、具体的な経済的価値の消費を伴うコストが発生する。この両者の関係を概念的に図示すると図表2-4-2のようになる。この図からわかるように、コストがどれだけ発生するかは開発段階と設計段階でほとんど決まってしまっている。しかし、実際にコストが発生するのは製造活動となる。コストダウンを図るには、最も上流で根源的な開発や設計段階の活動に力を注ぐべきである。このように、技術は原価の発生にきわめて大きなウエイトを占めており、原価企画や原価改善には技術部門と経営管理部門（経理部門）との連携が不可欠である。

本章第1節3で述べているように製造原価は、物量と時間を変数とする関数であり、次式のように示すことができる。

$$C = f(v, t) \ (v：volume＝物量、t：time＝時間)$$

製品の開発・設計段階での原価低減のために注目すべきは、物量も時間も突き詰めると技術の問題に帰着することである。この問題に正面から取り組むために、固有技術の側で企画から生産準備までを同時並行的

図表2-4-2 ● コストの決定と発生の関係

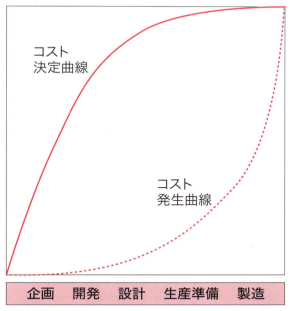

に行う**コンカレントエンジニアリング**（Concurrent Engineering）の取り組みが行われてきた。これは、従来の設計活動があくまでも固有技術独自のものとする姿勢から、生産活動における問題点を設計段階においても配慮することが必要だという意識の変化に基づき、広く積極的に行われた活動である。また、**PLM**（プロダクトライフサイクルマネジメント：Product Lifecycle Management）によって、製品のライフサイクル全体をカバーする全体最適化の考え方も普及した。

　他方で、設計過程が完了しても多くの問題が発生する。生産活動と管理技術の関係を図表2-4-3に示す。人はミスを犯す、機械は必ず故障する、原材料にはバラツキがあるなどの要素は避けることのできない制約条件であり、これらを考慮に入れながら設計することは、総合的な創作行為である。

図表２-４-３ ●生産過程の概念図

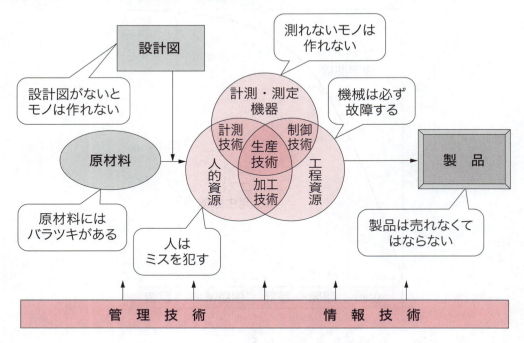

（３）開発・設計段階の原価低減

　原価低減は製造過程における改善努力（原価改善）に依存することが多かったが、VE（Value Engineering＝価値工学）がその適応範囲を広げるに従って、開発・設計段階でも大きな効果を上げるようになった。新製品の開発には、ベンチマーキングやQFD（品質機能展開）など経営工学の手法も活用される。

　VEは、1947年にVA（Value Analysis＝価値分析）としてL. D. マイルズによって提唱された手法であり、日本バリュー・エンジニアリング協会によって、「最低のライフサイクルコストで必要な機能を確実に達成するために、製品やサービスの機能的研究に注ぐ組織的な努力」と定義された。

　当初は価値分析と呼ばれて製造活動や調達活動に限定されていたが、現在ではVEとして、適用分野も製造活動に限らずコストの発生する全分野に及び、サービス業にまで広く適用されている。また、コストのと

らえ方も広がり、生産、使用、廃棄に及ぶライフサイクルコストを視野に入れるようになった。

VEでは、次式のような概念でとらえ、価値を向上させることを目的としている。

$$価値\ V\ (Value) = \frac{機能\ F\ (Function)}{コスト\ C\ (Cost)} = \frac{F}{C}$$

左辺の価値を大きくするためには、右辺において分子のFの値を大きくするか、分母のCの値を小さくするかである。分母の値を小さくすることが、原価低減に当たる。

VEは、一般に次のようなステップで進められる。
① VE対象の情報収集
② 機能の定義
③ 機能の整理
④ 機能別コスト分析
⑤ 機能評価
⑥ 対象分野の選定
⑦ アイデア発想
⑧ 概略評価
⑨ 具体化
⑩ 詳細評価

VEには、ゼロルックVE、ファーストルックVEおよびセカンドルックVEのステップがあり、それぞれ適用される段階と効果が異なっている。ゼロルックVEは、設計前の商品企画段階で製品の機能とコストのトレードオフを検討するVEである。最も効果が高いのはゼロルックVEであり、使用する原材料の選択、加工技術の指定など制約条件の少ない段階での固有技術と深く結びついた活動である。ファーストルックVEは、製品の開発・設計活動を対象としたVEであり、セカンドルックVEは、製造活動や調達活動を対象としたVEである。

VE活動を推進するためには、創造的なアイデア創出が必要である。アイデア創出に役立つ手法として**KJ法**、ブレインストーミング法が挙げられる。**ブレインストーミング法**は、グループの力を利用して大量にアイデアを発想するものであり、次の4つのルールがある。

① 批評禁止
② 自由奔放
③ 質より量
④ 改善結合

改善発想に結びつきやすいキーワード、たとえば「軽薄短小」「便利さ、手軽さ」「重厚長大」などを提示することも発想に結びつきやすい。**ECRSの原則**（Eliminate＝除去する、Combine＝組み合わせる、Rearrange＝再編成する、Simplify＝単純化する）を適用することも有効である。いずれにしても、「価値の向上」方策を推進するためにチームの知恵を集中することが求められる。

さらに、**コンカレントエンジニアリング**（サイマルテニアスエンジニアリング）、すなわち設計と同時に製造段階の問題点を解決する活動が普及している。ゼロルックVEとコンカレントエンジニアリングの連携は今後ますます必要であり、その効果が期待できる。

2008（平成20）年3月、ドラム缶の軽量化と価格引き下げに関する報道があった。材料に従来用いられていた冷間圧延鋼板に代えて高張力鋼を用いることにより、材料の厚さが1.2ミリから1.0ミリに変更され、製品重量で2キロ軽くなり、価格も5％引き下げられるとのことであった。成形工程の作業性も従来と変わりなく、200℃弱で焼付塗装すると強度が増し、リユース回数も増加するという。これは、鉄鉱石やコークスの価格の急騰、資源の囲い込み傾向が強まる中で、鋼材の使用量を減らして価格が高くても高機能の材料を使うことで資源の有効利用を図るという技術のブレイクスルー（現状突破）であり、従来の制約条件にとらわれないゼロルックVEの成果である。

ゼロルックVEでは、技術動向の変化を迅速・的確に把握することが

きわめて重要である。民間航空機の胴体は従来、ジュラルミンの削り出し加工が普通であった。しかし、現在はアラミド繊維や炭素繊維をエポキシ樹脂で積層・硬化させる工法が広く使われ、これによって、軽量で強度が高く燃費も大幅に改善される技術が急速に普及している。技術の進歩を的確にとらえてこれに対応する能力は、厳しい競争環境で生き残る必須条件でもある。

2 製品開発・設計工程と原価企画活動のフェーズ

(1) 製品開発・設計工程の段階

　一般に、製品開発・設計工程の段階は、商品企画、基本設計、詳細設計、生産準備、初期流動とされ、これに続いて量産段階とされる。このような開発・設計方法をリレー式開発と呼ぶ（→図表2-4-4）。製品開発・設計工程の各段階において、VEの実施内容が変わる。

　また、コンカレントエンジニアリングを適用した開発・設計プロセスを図表2-4-5に示す。

図表2-4-4●リレー式開発

図表2-4-5●コンカレントエンジニアリングと原価企画活動のフェーズ

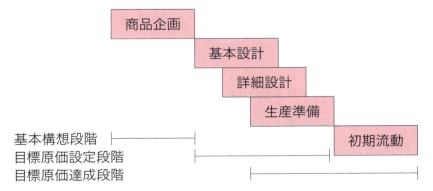

第2章 ● 原価管理

I 商品企画

　何のために何を作るかということは、エンジニアのみならず、企業人全般にとってきわめて重いテーマである。しかし、現在のビジネスでは、さまざまな手法やテクノロジーを活用することによって、作りたいものではなく使いたいものを市場が求めていることを探索することができるようになってきた。

　企業の経営方針やマーケティングによって、市場が求めていることを明確にし、商品を企画するところから原価企画が開始される。原価企画を進めるために作られるチームのスタッフには、設計担当者はもちろん、QC担当者、VE担当者、IE技術者の協力が不可欠である。価値を向上させるという目的を達成するための第1ステップとして、ゼロルックVEが始まる。ねらいの品質や原価をどうするか、製造者責任は果たせるのか、市場ニーズに合致しているか、流通後の製品の廃棄・回収・再生に問題はないかなどの検討項目のほとんどは、この段階で解決しておかなければならない。原価低減の観点では、この段階が最もコストダウンの効果が大きいので、最大の努力を傾注すべきである。

II 基本設計

　基本設計は、機能設計あるいは開発設計とも呼ばれ、基本機能を確定する設計である。基本構造部位が決められるので、使用する原材料、大きさ、加工精度などが決定される。材質が決定され、寸法が決められるので、材料単価と消費量から材料費が決められる。加工精度が指定されるので、使用する生産設備と作業者が決まり、加工費がほぼ決まる。また、同時に製品の信頼性についても、具体的な項目を確定しておかなくてはならない。この段階からファーストルックVEが効果を発揮する。

III 詳細設計

　詳細設計は、製品設計とも呼ばれ、細部機能・部品設計が進められ、加工の種類によっては内外製の判定や準備を進め、工程における品質の作り込みが具体的になされる。製品の一定量を生産するのに必要な原材料・エネルギー・労働力などの基準量である原単位が検討されることで、原

価見積もりがより高精度になり、標準原価の設定が始められる。原単位には単位輸送量当たり燃料消費量、製品１単位当たり材料使用量などが含まれる。設計図承認が必要な場合には、この段階までに承認を受けなくてはならない。

Ⅳ　生産準備

生産準備段階では、生産数量の概略と生産時期が示されるので、原材料調達の手配、生産設備の準備、外部に生産委託する場合の業者選定、工具や治具の準備、計測・測定器や試験機の手配、必要であれば作業者の教育・訓練など多岐にわたる準備が必要になる。

Ⅴ　初期流動

初期流動管理は、製品の設計・開発が終了し、量産に移行してから発生しそうな諸問題を解決する管理活動を指す。所期の品質・納期・原価を達成しているか、設備は管理状態にあるか、安全操業が確保されているか、原材料の供給はうまくいっているかなど生産システム全般にわたる評価がなされ、現状把握力・問題解決能力・改善能力・維持管理能力が評価される。初期流動管理がうまくいって垂直立ち上げが実現することは、新製品を社会に送り出すスピードがあることであり、競争優位の絶対条件である。セカンドルックVEが効果を発揮する段階でもある。

（２）原価企画活動のフェーズ→前掲図表２－４－５

Ⅰ　基本構想段階

まず、現行の技術をもとに原価見積もりを行う。この段階での原価数値は成行原価である。多くの場合、この段階では利益が実現できていないので、原価引き下げ目標を定めて目標原価とする。必要なら原材料から加工法、作業方法の見直しも行う。VE活動のゼロルックVEが最も効果を発揮する段階である。→前掲図表２－２－６

また、ここでQFDも活用できる。QFDは要求品質を取り込み、顧客ニーズを考慮した品質を企画することに役立つ。品質保証のツールとしてQFDを用いて品質を作り込むことによって、その結果として原価の大

第2章●原価管理

枠が作り込まれる。基本構想段階で品質の作り込みがしっかりできれば、ムダな製品仕様で設計することもなく、設計変更が少なくて済む。

Ⅱ　目標原価設定段階

目標原価は、実行可能な具体的指示として展開しなくてはならない。生産設備の指定と準備、使用原材料の準備、作業者の指定、作業標準の作成、QC工程図の作成、安全作業手引書の作成などの活動がある。必要に応じて協力企業との連絡・打ち合わせも行う。ティアダウン（リバースエンジニアリング）により、他社の製品を部品単位まで分解し、部品ごとにベンチマーキングを行い、その情報を参考にしながら、価格競争力を達成できる目標原価を設定する。ベスト・プラクティスより劣っている箇所を改善するという目標設定ができる。また、設計段階で製造しやすい設計にできれば、製造段階で発生する工数も減らすことができる。

Ⅲ　目標原価達成段階

原価低減のための分析ツールとして、ファーストルックVEを活用することで機能別にコストの作り込みが行われ、原価低減が図られる。具体的なVEアイデアを実装することによって、原価低減を実現でき、目標原価を達成することができる。ただし、最終目標は原価低減ではなく、あくまで顧客にとっての価値向上であることに注意が必要となる。

製品の開発・設計段階で行われるファーストルックVEにおける価値向上の方策を分類すると、以下の4通りがある。

① 機能アップ——機能向上・コスト一定による価値向上
② 機能追加——機能大幅向上・コスト増加による価値向上
③ 代替品——機能一定・コスト低減による価値向上
④ 機能削除——機能削除・コスト大幅低減による価値向上

機能削除については禁じ手とされてきたところはあるが、グローバルな市場展開において各国の要求品質が異なる以上、過剰な仕様にしないことが競争優位の確保につながるのであれば、柔軟に対応すべきである。

当然のことながら、製品開発における重要な項目について報告の義務が生じる。原価企画においては、目標原価に対する達成度合いは、報告

120

第4節●原価企画

の最重要事項となる。目標原価が達成できたときは当然の結果として、もし未達成の場合でもその原因や理由について詳細な報告がなされるべきであり、今後の課題として製造段階へ引き継ぎ、総合的かつ継続的に解決していくことが肝要である。

3　目標原価

（1）目標原価の意義

製品開発における価格、原価、利益に関する考え方には次の2つがある。

① 原価ベースの価格決定

$$予定売価 ＝ 基準原価 ＋ 目標利益$$

販売価格　技術者が決める　経営層が決める

② 売価ベースの原価決定

$$許容原価 ＝ 予定売価 － 目標利益$$

技術者の挑戦目標　市場が決める　経営層が決める

　第1は原価ベースの価格決定である。技術者主導で策定された製品仕様を基準として算出された原価である基準原価に、経営層が経営目標として株主の期待に応える目標利益を上乗せして売価とするものである。

　第2は売価ベースの原価決定である。多くの企業にとって市場によって決まる予定売価から経営層が経営目標として株主にコミットする目標利益を差し引いて**許容原価**とするものである。許容原価と目標原価の関係性について詳しくは**(2)**にて解説するが、オンリーワンの革新的製品を提供するマーケットリーダー企業でもない限り、成熟した市場における製品の価格は市場によって決まることになるため、後者の考え方に基づいて原価を管理することが重要となる。

　多くの企業にとって、競争が激しい市場で生き残るには、戦略的な製品開発に成功する必要があり、市場ニーズを的確に把握し、そのニーズ

121

第2章●原価管理

を製品コンセプトや仕様に取り込むと同時に、それを低コストで実現する必要がある。すなわち、マーケットインの発想での製品開発が不可欠となる。**目標原価**の意義は、**製品設計技術者**だけでなく、**生産システム設計技術者**、**生産管理技術者**、**品質管理担当者**、**マーケティング担当者**、**営業担当者**、**原価計算担当者**など、原価企画活動に携わるすべての人がマーケットインの発想で製品開発を行うために共有する中核的な目標数値となることにある。

目標原価の達成に求められる条件を以下に示す。これらの条件は、VE活動などの管理ツールを活用することにより具体化される。

① 現行の技術では実行可能ではないが、可能な限り改善を図り最善の結果をもたらすものであること

② 設定した目標原価を実現するために組織を挙げて取り組む姿勢がすみずみまで行き渡り、成果を上げることに集中すること

③ 目標原価は最善・最高のものではなく、技術や競争関係によって変化するものと心得ること

（2）目標原価設定方法

目標原価の設定方法としては、次の方法が挙げられる。

1）積上げ法

積上げ法は、自社の技術レベル、生産能力などを勘案して、目標原価を設定する方法である。この方法では、技術者が現行の製品原価をもとにして、追加機能あるいは削除機能、ムダ・ムリの削除、新たに加えられるコスト要因などを、部品加工、組立作業、組立方法などの段階まで細かく分類するなどして、原価を積算する。そのようにして、積み上げられた原価を成行原価という。ただし、企業によっては、成行原価をそのまま目標原価とすることはせず、VEによる検討を行ったり、一定の原価低減目標を反映させて、目標原価を算定する。

成行原価→VEによる検討など→目標原価

2）割付法

　割付法は、市場における競合製品の売価などを参考にして、予定売価を決め、そこから一定利益を確保するために必要となる原価を目標原価とする方法である。下記の式をもって、目標原価を算定し、その目標原価を、具体的な原価費目に割付をする。これを細分割付という。→図表2-4-6

$$予定売価－目標利益＝許容原価＝目標原価$$

　ここで用いる予定売価は経営計画に基づく販売活動をその根拠にしており、利益計画の裏づけがあるとともに、技術的根拠もあわせもっていることが必要である。

図表2-4-6●成行原価、目標原価と細分割付

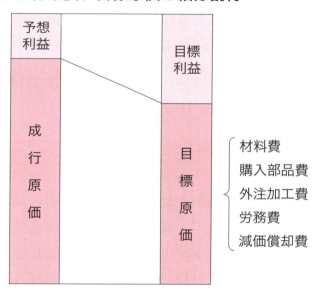

3）統合法

　積上げ法は、技術者の経験が色濃く反映されるのでより現実的な数値が得られる一方、現状を前提とする傾向が強くなり旧来の手段・方法にとらわれやすくなる。他方、割付法は、利益確保を理想状態で想定する

第2章●原価管理

ので計画としては見事に見えるが、ややもすると机上の空論となりがちで、技術的裏づけや実行可能性の面で問題が生じる。そこで、両手法の長所を採用して考えられたのが統合法である。**統合法**では、積上げ法による現実的な原価と、割付法による理想的な原価を照らして実行性を検討し、目標となる原価を設定する。

　統合法では、次式をもって許容原価を算定する。そののちに、市場志向の数値である許容原価と技術志向の数値である成行原価とをすり合わせ、目標原価を設定する。そして、VEによる検討や後述するベンチマーキングなどを活用して、成行原価を目標原価に近づけていくという方法をとる。

予定売価－目標利益＝許容原価→目標原価←成行原価

（すり合わせ）

　なお、目標原価が設定されても、さらに初期流動管理、生産開始を経て、標準原価計算（→本章第3節）による原価維持活動が進められていく。

目標原価の達成→（生産開始）→標準原価の達成（原価維持）

4 原価見積もり

　原価見積もりは、過去の経験や知識、現状の原価の状況、将来の原価発生にかかわる分析に基づいて、特定の時点における製品原価の予測数値を算出することである。具体的には、VEの対象原価としての原価を算出することが該当する。設計段階において試作を繰り返し行うごとに原価見積もりが行われ、原価の予測数値が算出される。

（1）原価見積もりの範囲

　目標原価と原価見積もりによる原価は、設計段階における計画値と試作による見積もり数値の関係にある。したがって、目標原価が総原価で

124

あれば原価見積もりの数値も総原価、目標原価が製造直接費であれば原価見積もりの数値も製造直接費という具合に、取り扱う原価の範囲も同じであることが望ましい。ただし、現実問題として、目標原価で取り扱う原価の範囲も特定の企業において同一ではなく、製品ごとの位置づけによって変わることも多い。

　原価見積もりは、製品・サービスの製造に先立って設定された数値を用いて行われるので、実際に発生した原価との間に差異が生じる。これはある程度やむを得ないことであるが、差異が生じる原因は大きく2つに分けられる。1つは見積もり技術が劣っている場合であり、多くの場合はコストテーブルの精度が低いか不備によるものである。この問題の解決には、原価見積もりグループに固有技術の専門家を加えることが有効である。もう1つは外的環境の変化、すなわち為替レートの急変や原油高のように資源問題にかかわるような不可避的な場合である。原価見積もりの数値は常に正確に設定すべきではあるものの、実務上は難しい。しかし、より正確な数値にする努力は続けるべきである。最近では、データサイエンスの活用によって見積もり精度を向上させることも大きく期待されている。

（2）原価見積もりの方法

　原価見積もりの方法には、一括方式と積上げ方式の2つがある。
　一括方式による原価見積もりでは、工程別の部品ごとの原価要素別計算を行わず、過去の類似品の原価実績に基づき、設計上の特性等の諸条件を加味して製品の原価を見積もる。そのため、一括方式による原価見積もりは**概算見積もり**の域を出ない。この方式は見積もり時間がかからないし、技術者の熟練を要さずに済むが、過去の類似品の原価情報がない場合、きちんとした見積もりができない。
　積上げ方式による原価見積もりでは、原価を算出する際に工程別の部品ごとの原価要素別に見積もり計算を行って、それらを積算して製品の原価を見積もる。基本設計や詳細設計が行われている間は**概算見積もり**

として原価が算出されるが、詳細設計において製品仕様がほぼ確定して、生産準備の中で工程設計がなされるようになると詳細見積もりとして原価が算出されるようになる。そのため、積上げ方式の原価見積もりは、比較的正確性の高い見積もり結果を得られるものの、技術者自身の熟練が必要となってしまう。

　製造原価の詳細見積もりでは、ティアダウンによるベンチマーキングを通じて得た他社の原価情報と比較するようにするために、部品ごとの原価要素別に細分化して見積もる。また、より詳細に見積もるためには、工程別の計算まで行うことになる。この場合の製造原価としては、部品ごとの直接材料費、直接労務費、直接経費、製造間接費に細分化する。

　コストテーブルは、製品の原価を構成する要素の項目を一覧表にしたものである。製品開発技術者が行う原価見積もりは、できるだけ容易で、ある程度の正確性をもった原価数値を迅速に計算できるようになっていなければならない。そのためには、コストテーブルを整備しておく必要がある。コストテーブルは、ある程度の正確性と迅速性をもって簡便に原価見積もりを行うために作成される。コストテーブルは、原価見積もりにおいて広く活用され、原価企画活動に携わる製品開発技術者、生産システム設計技術者、生産管理技術者、品質管理担当者などに共有される。

　コストテーブルは、利用目的によって次のように分けられる。

I　設計のためのコストテーブル

　設計のためのコストテーブルには、①商品企画段階のコストテーブル、②基本設計段階のコストテーブル、③詳細設計段階のコストテーブル、がある。それぞれのコストテーブルは用途も様式も異なる。商品企画段階のコストテーブルは、価格決定目的にも用いられるため、商品企画段階で製品のコンセプトに応じて設定された価格帯に対するコストを概算見積もりするために用いられる。基本設計段階のコストテーブルは、製品の機能の確定のために概算見積もりを行うために用いる。詳細設計段階のコストテーブルは、具体的なコスト検討を行うために詳細見積もりを行うために用いる。→図表2-4-7

図表2-4-7●詳細設計のためのコストテーブルの例

機種	xxxxx
ロット数	2,100
総ロット数	91,000
部品番号	64R 1254 ZG3
部品名称	YYYY-ZZZZ-031
材料仕様	65-99541358
成形機	300（t）

材料費	352.52
加工費	166.55
処理費	0.55
管理費	24.98
利益	2.40
単価	547
型費	3,600,000

工程	加工費	段取時間	賃率	作業時間	賃率
段取	5.00	xxx	yyy		
成形	133.24			xxx	yyy
仕上	2.49			xxx	yyy
検査	9.16			xxx	yyy
梱包	16.66			xxx	yyy
個取	1				
体積	xxxxx（cm^3）				
重量	xxxxx				
成形圧力	xxxxx				
材料単価	xxxxx				
ギア有無	ギア無し				
形状難易度	C				

図表2-4-8●部品購入用のコストテーブルの例

		A社	B社	C社	D社
単価		xxxx	xxxx	xxxx	xxxx
性能	A-1	2	4	4	4
	A-2	5	4	2	3
	A-3	2	5	5	4
	B-1	3	4	1	4
	B-2	2	5	3	2
	C-1	2	3	3	2
合計		16	25	18	19
採否			○		

　また、組立メーカーが数社から提案された部品の性能とともに価格を比較検討するために、部品購入用のコストテーブルを用いる（→図表2-4-8）。部品メーカー（サプライヤー）が既存製品の部品（現有品）と比較し、新製品のために設計する部品に関するVE検討を行うためには、現有品比較用コストテーブルを用いる。

Ⅱ　製造のためのコストテーブル

　製造におけるコストテーブルには、生産設備、計測・測定機器、金型、

第2章 ● 原価管理

図表2-4-9 ● 材料費のコストテーブルの例

NO	材料名	材質(1)	材料単価	部番	板厚	板幅	重量	使用数量	係数	材料費
1-1	A	a	50	MM01	0.11	0.30	0.03	1	0.8	1.2
1-2	B	b	65	MM02	0.52	0.25	0.05	1	1	3.25
1-3	C	c	60	MM03	0.31	0.28	0.06	2	1	7.2

図表2-4-10 ● 加工費のコストテーブルの例

NO	加工機	段取工数	加工時間	加工内容	後始末	調達時間	基準単価	係数	加工費	合計
5-1	m1	2	0.15	XX	XX	0.30	210	1	31.50	31.55
5-2	m2	2	0.12	YY	YY	0.35	250	0.8	24.00	24.00

運搬器具に至るまで、生産にかかわる情報はすべて集約しておかなくてはならない。同時に作業者に関しても経験年数から技能程度まで生産活動に関係する情報とともに、部品加工の正味時間や、類似作業の見積もりに役立つような過去の組立作業の時間記録なども検索できるようにしておくべきである。→図表2-4-9・10

　現在は、3D CADが当たり前となっており、そこから得られた3Dデータを、情報端末（ノートPC、タブレット）を使って作業指図や工程指示に用いられたり、生産計画の表示なども行われる。従来の紙による情報伝達はいまやインターネット経由で電子的になされるようになり、データ処理技術の発達によって生産指示から作業報告、品質情報のみならず、製造原価や生産設備の稼働状態までも情報化され、蓄積されるようになってきた。

Ⅲ　購買のためのコストテーブル

　購買におけるコストテーブルは、購入品目ごとの購入業者名、購入品目、購入価格、リードタイム、荷姿などの項目は当然であるが、グリーン購買やネット調達の可能性も念頭に置いて設計しなければならない。新興国からの原材料や部品の調達も選択肢に加わると、調達品目の品質とコストのトレードオフ、納期との兼ね合いも細かく検討する必要も出

128

てきた。

　ネット調達が広まると、価格と技術の比較が容易になるので、国内だけでなく国際的にも競争はいっそう厳しくなる。企業は、調達する立場だけでなく、調達される立場にも立たされることがあることを認識しておくべきである。

第2章●原価管理

第5節 原価低減

学習のポイント

◆原価低減には企画・開発・設計段階における原価低減（原価企画）と製造段階における原価低減（原価改善）がある。

◆企画・開発・設計段階における原価低減効果のほうが圧倒的に大きいので、この段階での原価低減努力に力を注ぐことが有益である。

◆原価低減にはいろいろな手法が用いられるが、効果が大きく広く使われるのが価値工学（VE）とIEである。

　材料費や労務費といったコスト（C）要素を具体的に低減するためには、品質（Q）と生産性・納期（D）を管理する必要がある。そのためには、品質管理、生産管理などの手法の活用が不可欠である。原価の具体的な発生は製造段階においてなされると思われるが、すでに述べたように原価発生の前段階、すなわち、企画・開発・設計段階で原価がほとんど決まってしまう。したがって、原価低減の効果が最も大きいのは企画・開発・設計段階で行われる原価企画である。しかし、製造段階での原価改善の努力を否定するものではなく、原価企画で目標原価が達成できなかった場合は、製造段階での原価改善による効果が期待される。

　図表2-5-1に示した原価の自由度は、企画段階が最も大きく、開発段階、設計段階へと進むにつれて小さくなり、製造段階ではほとんどなくなる。すでに示したように、原価は消費された物量と時間を変数とする関数とみなされる。したがって、材料費を低減するためには消費する物量を削減すること、労務費を低減するためには消費する時間を削減す

130

第5節 ● 原価低減

図表2-5-1 ● 意思決定の自由度と原価の自由度

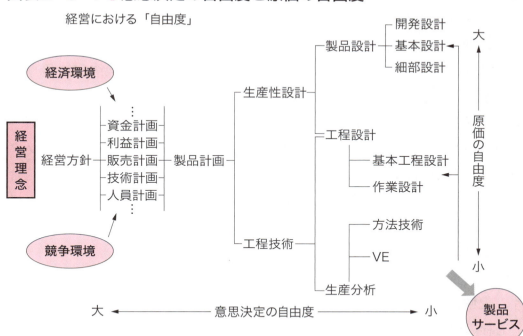

ることが求められる。

1 直接材料費の原価低減

　原価低減には、原価企画による原価低減と製造段階での原価改善による原価低減がある。原価低減の具体的方法として、原価企画にはVE（Value Engineering＝価値工学）による低減が役立ち、直接費の原価改善にはIE（Industrial Engineering＝経営工学）による低減が役立つ。
　IEは1911年、テイラー（F. W. Taylor）によって提唱された科学的管理法に端を発する。人、モノ、金、設備を総合したシステムの設計・運用・評価・改善のために工学的ならびに数学的なアプローチを利用する。テイラーが指向したところは作業方法とその管理の合理化および客観化にあり、ムダのない洗練された動きを追求する姿勢であり、継続的な改善をする体質の確立である。IEは製造段階の原価改善に役立つツールで

ある。

直接材料費にかかわる原価低減についてまとめると、以下のようになる。

Ⅰ　設計段階での原価低減

材料費の原価低減は、設計段階における材料選択や形状決定に負うところが大きく、VEの働きが大きい。VEによる材質の見直し、より安価な代替材料の検討、ムダの少ない設計、廃材の利用などが考えられる。

企画段階でのゼロルックVEの活用、設計段階でのファーストルックVEの活用は原価低減に効果的である。また、製造段階における不適合品の発生は原材料の浪費に結びつく場合が多く、品質管理活動の充実によりある程度回避できる。

Ⅱ　生産準備段階での原価低減

生産準備段階では、品質、原価、生産性、納期の目標を達成する作業者、設備、原材料、方法の４つのMを管理された状態にするために、生産工程の管理方法を確立させる。この管理方法は、QC工程表としてまとめられ、工程で品質を作り込むための設備の操作、保守点検の方法、作業標準などが含まれる。QC工程表を量産段階に移行する前に確立することで安定した量産ができるようになり、原価の低減につながっていく。

材料調達方法の見直し（従来の取引方式にとらわれない調達ネットワークを利用した調達など）、取引条件の見直しなどを行うことによっても、原価低減を行うことができる。とりわけ、情報通信技術の発展により従来の取引形態を超えたビジネスが出現してきたので、海外を含んだ調達ネットワークを用いて国際調達も可能になった。

Ⅲ　製造段階での原価低減

不適合品の発生は、原材料のムダづかいと加工時間のロスをもたらす。その対処のためにも、IEなどの工学ツールを用いた生産管理を行って生産の効率化を図ったり、品質管理を行って不適合品の発生を抑える必要がある。

生産過程における材料費の低減は、不適合品の発生予防が有効である。そのために、品質管理活動の徹底を図るべきである。

第5節 ● 原価低減

　不適合品の発生は、有限な資源を浪費する、貴重な時間をムダに消費するという2つの点でムダなコストを発生させる。そしてその結果、納期を守れないで顧客に迷惑をかける、企業の信用を失墜させて経済的な損失をもたらすという悪影響を生む。さらに、不適合品の発生は手直しや再加工など余分な作業により工程に悪影響を及ぼし、生産の流れを乱して他の生産活動の円滑な運営を阻害する。

2　直接労務費の原価低減

　生産を自社で継続するのであれば、リードタイムの徹底的な短縮が原価低減の有効手段である。加工時間そのものは物理的変化であるため、加工方法を根源的に改変する以外大幅な短縮は望めない。また、作業者が行っている作業をロボットの導入に置き換えるといった工場自動化も有効である。ここで重要な概念が付加価値である。付加価値は、生産活動により生産された財貨の価値が、投入した原材料よりも高まった場合の差額として算出される。その代表的な算出方法には中小企業庁方式や日銀方式がある。

・**中小企業庁方式**（控除方式）：
　　付加価値（加工高）＝売上高−（直接材料費＋買入部品費＋外注加工費＋間接材料費）

・**日銀方式**（加算方式）：
　　付加価値＝経常利益＋人件費＋金融費用＋租税公課＋減価償却費

　直接労務費の低減には、モノを探す、手待ちをする、手直しや修正作業、段取・後始末など付加価値を生まない時間の徹底的な短縮ないし排除が必要である。このようなムダ・ムラ・ムリを排除するには、従来の加工方法を見直し、必要に応じて変更する必要がある。

　社外への加工委託・生産移管が可能で、品質上も納期確保においても遜色なく経済的に優位になるのであれば、外部への生産委託という選択肢もありうる。しかし、自社に技術が確保できなくなるというリスクも

第2章 ● 原価管理

覚悟しなければならない。

　極論するならば、付加価値を生まない時間はすべて労務費のムダづかいである。機械故障を減らし、不適合品をなくし、生産性をアップすることによって、付加価値を生む時間を極大化でき、トータルの直接労務費を低減させることができる。そのために、IEを活用し、稼働率・可動率を測定し、それに基づく管理を行うことが有効である。

　IEは製造現場における作業研究を中心として発展してきた。IEは経営活動全般にわたる経営改善を行う技術であるが、3ムの撲滅、すなわちムダ・ムラ・ムリの排除ともいわれる。特にムダは過剰設備、過剰在庫、過剰人員に現れ、この結果、余分な労務費、余分な減価償却費、余分な保守費用などを発生させる。

　さらに、作りすぎのムダとその結果としての過剰在庫をもたらして余分な保管費用、余分な金利負担をもたらす。これらを改善できれば、たとえば在庫管理によって在庫が減少して在庫費用が減少し、作業管理によって作業が改善され時間短縮により労務費が削減され、品質管理によって不適合品が減少して材料費・加工費が改善されることになる。

　付加価値を生む時間の極大化が労務費の削減につながるといっても、その前提が満たされていなくてはならない。すなわち、仕事内容と手順があらかじめ定められ、生産設備や作業環境ならびに作業標準や工具・用具が準備されていることが前提である。

3　直接経費の原価低減

　生産活動における直接経費には、自社が購入した原材料を他社に加工を委託するときに支払う外注加工費、その製品の製造にかかわる特許使用料、あるいはその製品の製造にしか使われないソフトウェア使用料などが挙げられる。しかし、直接経費の代表的なものは、特定の製品製造のためにしか使用しない生産設備の減価償却費であるため、生産実施段階での原価低減は望めない。すなわち、経費の発生に関しては過去にお

いてなされた意思決定に依存するところが大きく、特に設計段階における意思決定の問題に帰着する。

たとえば、設計品質と製造品質の向上によって、余計な加工作業が減る。それによって余計な加工費として、ムダな外注加工費をかけずに済むようにもなる。そのように設計品質と製造品質を向上させるためには、QCストーリーに基づき、QC七つ道具などの品質管理の手法を用いて、原価企画や原価改善を行うことが有効である。

4 間接費の原価低減

7つのムダ（①作りすぎのムダ、②手待ちのムダ、③運搬のムダ、④加工そのもののムダ、⑤在庫のムダ、⑥動作のムダ、⑦不良（不適合品）を作るムダ）はすべて製造間接費と深いかかわりがある。原価低減の要諦はムダの撲滅にある。製造業における間接部門の役割は年々大きくなり、かかるコストも増加傾向にある。そのうちでも間接労務費の占める割合は大きく、高コスト構造になる要因となりうる。これを抑制するために徹底的な業務の見直しと改善が必要になる。その結果、必要ではあるが機密保持などに問題がなく、単純な繰り返し作業は外部委託したり、パートタイマーやアルバイトなど労務費単価の低い人材の採用も検討する必要がある。ほかにも、5S活動の成果として在庫のもちすぎがなくなったり、倉庫や棚などの原材料の置き場所が効率化されて少ないスペースで済むことによって、倉庫関連の減価償却費などの費用の低減が期待できる。

製造活動では、電力などのエネルギーの消費は必須である。業種によってエネルギーのコストには幅があり、装置産業ではとても多くの電力を消費する。エネルギーのコストに関して、省エネ（省エネルギー）の施策は間接経費の低減へ大きく貢献する。

また、情報処理についても所期の目的を達しているのか、新しい技術に対応しているのかの面から情報化投資を見直すことも重要である。こ

第2章●原価管理

れらのムダのほかにも、設備投資の判断ミスによる減価償却費のムダがある。設備投資における意思決定の重要さを認識すべきであり、「設備を所有する」から「設備を利用する」という考え方に変わる必要がある。すなわち、設備のリースやレンタルを利用することも考慮すべきである。

参考文献

上野一郎監修『VEハンドブック 普及版』日本バリュー・エンジニアリング協会、2011年

大西清『JISにもとづく標準製図法〔第15全訂版〕』オーム社、2019年

岡本清『原価計算〔六訂版〕』国元書房、2000年

小沢浩『詳解 コストマネジメント』同文舘出版、2017年

櫻井通晴『管理会計〔第七版〕』同文舘出版、2019年

櫻井通晴・伊藤和憲『ケース管理会計』中央経済社、2017年

田中雅康『原価企画の理論と実践』中央経済社、1995年

(社)日本機械工業連合会編、佐藤進・木島淑孝『四要素原価計算システム』日刊工業新聞社、1998年

第2章 理解度チェック

次の設問に、○×で解答しなさい（解答・解説は後段参照）。

1 生産活動の最も基本的な情報は設計図に記載されており、それは材質、形状、品質ならびに精度である。

2 設計は製品の機能設計にとどまらず幅広い計画機能を果たさなくてはならない。

3 損益分岐点販売量を超える販売量を得ることができれば、利益を生み出すことができたことになる。

4 実際原価計算は工場を製造部門と補助部門とに分類した後、「費目別計算→部門別計算→製品別計算」の手順を踏んで実施される。

5 原価低減は主として製造活動において実現される。

第2章 理解度チェック

解答・解説

1 ×
設計図に記載されなくてはならない項目は、材質、形状、寸法ならびに精度である。これらの情報をもとに原材料の手配がなされ、加工方法、使用設備が定まり、作業者の手配がなされる。

2 ○
設計活動は製品の機能面での設計のほかに、組立性の評価や分解の作業性や回収制度との関連、さらには流通機構との整合性までも配慮する必要がある。

3 ○
損益分岐点分析を用いて、損益分岐点売上高を超える売上高、損益分岐点販売量を超える販売量を達成するような意思決定を行うとよい。

4 ○
実際原価計算は実績原価数値をもとにした原価計算であり、各種の原価計算の基礎となるものである。

5 ×
生産活動における原価低減は5S運動やIEによるところが大きい。しかし、本質的な原価低減は計画段階、すなわち設計活動における効果が最も大きい。上流における原価低減に力を注ぐべきである。

第3章

納期管理

この章のねらい

　納期の重要性および納期を守ることの重要性を認識したうえで、納期管理をどのように行っていくべきかを考える。納期のない仕事はない。納期を守るために納期管理を行うのである。納期管理は、納期どおりに進捗していることを管理し、もし納期遅れが発生した場合は、その状況を明らかにし、原因を追求し、同種の納期遅れが再発しないように対策を考えることである。特に、見込生産と受注生産では、納期管理の仕方が異なる。見込生産では生産計画を重視した納期管理が中心となり、受注生産では生産統制を重視した納期管理が中心になる。

　また、日常的な納期管理としては、進捗管理が特に重要である。進捗管理の手法をよく理解し、各手法を活用できるようにしなければならない。生産現場では納期遅延対策を考えるだけではなく、それを実際に実行できるようにしておく必要がある。そのためには、納期遅れが発生する要因を十分知ることが重要である。要因を知っておくことにより、対応を速やかにとることが可能となる。

　一方、納期遅れが発生している現象を目で見てすぐに理解し、判断できるシステムにしておくとさらに対応が早くなる。そのために「目で見る管理」を十分に理解したうえで、納期管理にも活用すべきである。

第3章●納期管理

| 第 **1** 節 | # 納期管理の考え方

学習のポイント

◆納期を守るということは、納期遅延を起こさないことである。
◆だからといって、早期納入すればよいとは必ずしもいえない。
◆受注生産では、納期管理を特に注意する必要がある。
◆見込生産では、生産計画を重視した管理を行うことが重要である。

1 納期管理の意義

（1）納期管理の目的

納期とは、「要求された品質及び量の原材料又は製品を納入する期限」（JIS Z 8141：2022-1207）と定義される。納入する相手は通常、顧客である。しかし、状況によっては納入する相手が後工程であることも多い。

納期管理の目的は、決められた納期どおりに品物を顧客または後工程に納入することである。

ここで、"決められた納期どおり"とは、納期遅延はもちろんのこと、早期納入も防ぐことである。早期納入は一見、よいことのように思えるが、必ずしもそうとはいえない。なぜなら、納期よりも早く納入された場合、納入された品物を使用するまで置き場が必要になるからである。また、在庫が増加する場合もある。在庫が増加すると、在庫品に調達した資金が、すぐに売上げにつなげることができず、現金化できない（資金が寝る）状態にしてしまう。このように経営上種々の弊害が起こりうることから、早期納入もなるべく防止したほうがよい。

140

第1節 ● 納期管理の考え方

（2）納期管理の重要性

　こうした納期遅延および早期納入を防ぐには、量産品の納期管理では、適切な生産速度を維持することが、納期管理では重要になる。

　また、量産品ではなく個別受注生産品の場合は、各生産プロセスに対して適切な生産スケジュールを立て、この生産スケジュールどおりに生産を進めていくことが重要である。生産スケジュールに従って生産を進行していくことによって、早期納入も防げるし納期を守ることもできるからである。

　このようにして納期を守ることは、顧客または後工程から信頼を得ることにつなげられる。また、ムダな仕掛品や在庫を減らすことや後工程の手待ち等を防ぐこともできるため、生産の能率も上がる。

2　顧客と納期遵守

（1）顧客に対する納期遵守の重要性

　もし納期どおりに仕事が完成されなかったらどうなるだろうか。

　納期どおりに仕事が完成されなかったら、その仕事をさらに進めていくとき、スケジュール上の障害が発生する。完成品を納める対象は多くの場合顧客である。顧客に対して納期が遅れると、その顧客の納期も遅れるおそれが出る。さらに、そのまた顧客の納期も遅れるおそれが出る。

　顧客が急な病気で、いますぐ薬が欲しいというときに、納期遅れで薬が欠品しているということになったら、一大事である。あるいは、新製品の発売日を楽しみに待っている子どもに、発売が遅れるといったら、子どもたちはがっかりするだろう。このように、納期遅れによって、顧客に迷惑をかけたり、落胆させたりすることになる。

（2）企業内における納期遵守の重要性

　納期遅れは、企業経営にも影響を及ぼす。納期遅れが生じて、顧客への納品が遅れると、当然、売上げ代金の入金も遅れることになる。場合

141

第3章● 納期管理

によっては、違約金が請求されることもある。その結果、資金繰りに影響が出る。

　生産工程の途中で納期遅れが発生し、納期遅れを挽回しなければならない場合、残業を行ったり、休日出勤を行ったりする必要が生じる。その分、余計な費用がかかることになる。また、挽回を急ぐあまりに不適合品を発生させる場合も想定される。不適合品を発生させてしまうことは、原材料をムダにすることでもあり、また不適合品の補修にかかわる費用の必要が生じ、かつ納期を遅らせることになる。

　以上のように、納期遅れを起こすと、顧客の信用を失うだけでなく、儲け損なったり、違約金を取られたり、挽回のための費用が発生したり、不適合品発生のための費用が発生するなど、さまざまな面で損失を被る。したがって、納期を遵守することは大変重要である。

第2節 ● 納期遅延の発生要因と対策

第2節 納期遅延の発生要因と対策

学習のポイント

◆設計部門では、設計作業のプロセス管理が重要である。
◆見込生産では、生産計画が納期遅延に大きく関係する。
◆受注生産では、生産プロセスが納期遅延に大きく関係する。
◆資材部門では、調達品が納期どおりに納入されるように管理することが特に重要である。
◆製造部門では、進捗管理が重要である。

　納期遅延をなくすためには、あるいは納期遅延をできるだけ発生させないようにするためには、まずは、それらの要因を明確にしたうえで、その要因に対して対策を施すことである。

　納期遅延を発生させる要因としては多くのことが考えられる。たとえば、設計が遅れる、加工作業が予定どおりに終了できない、組立が設計図どおりにできない、作業者が病気で作業がストップしてしまう、購買している部品が予定期日に納品されない、機械が突然故障して作業が停止してしまうなどである。

　このことから納期遅延は、企業内のあらゆる活動が要因になることがわかる。本節では、企業内の各部門別に納期遅延が発生すると思われる要因を挙げて、その対策を考える。

143

第3章●納期管理

1　設計部門での要因と対策

（1）設計の遅れ

　設計が遅れると、次工程の開始日時も遅れることが多くなる。次工程には、部品の調達、生産、加工、組立、塗装、梱包などほとんどの工程が含まれる。その意味で設計の遅れは、納期遅れを発生させる大きな要因となる。

　設計遅れを回避する対策は大きく分けて2つある。1つは、設計作業プロセスで細かく設計の進捗管理を行っていくこと、もう1つは、設計作業に遅れが生じても、その後工程の開始日時に影響が出ないように、可能であれば、計画を立てるときに設計工程には多少多めの時間を配分しておくことである。このことにより、設計工程とその後工程との間に緩衝用の時間を確保することができる。

（2）設計の不具合

　設計が完成したとしても、その設計に基づいて部品の調達や生産、加工、組立を行っていくうちに、設計どおりの部品や製品ができてこない、製品の機能が実現しないということがある。それは、設計図どおりの加工作業が難しくてできないとか、設計図どおりに組み立てることが物理的にできないなどという設計の不具合が原因で発生する場合である。

　設計の不具合を発生させる要因は、計算間違い、設計図面の表記間違い、原材料の選択間違いなどである。これらの要因は主として、設計者の設計作業に原因があるので、設計の不具合を回避する対策として、設計の標準化、設計を確認するための検図、試作、検証などの対策が必要である。

2　生産計画部門での要因と対策

　顧客の要求が多様化している現在、多くの製品は、生産計画なしでは、

第2節●納期遅延の発生要因と対策

顧客の要求する品質を満たす製品を納期までに確実に生産することは難しい。生産計画は、製品を納期までに確実に生産するための道しるべである。

（1）見込生産と生産計画

見込生産での納期管理は、準備段階における計画業務に重点を置いて、計画的に生産できる体制を整備することが基本となる。

見込生産は、すでに製造してある製品を顧客に届ける形態である。家庭電化製品や日用雑貨品などは、多くの場合見込生産である。顧客は販売している店頭の商品棚に置いてある製品から、家庭電化製品や日用雑貨を購入する。このような製品は、自社で製品仕様を決めて、自社の基準日程で製造をしていくことができる。店頭に製品を納める納期を顧客と直談して決定する必要はないが、店頭には、必要なときに必要な量を納品する必要がある。

納期がないわけではない。見込生産でも通常は納期を設ける。見込生産の納期は、"決定"するのではなく自社で"設定"するのである。では、どのような基準で設定するのだろうか。それは売れ行きである。売れ行きを予測して、売れ行きに応じて納期を設定していく。

見込生産で、顧客が買いに来たとき、店頭にその商品が並んでいなかったらどうなるだろうか。つまり、欠品していたらどうなるか。このとき、顧客は2種類に分かれる。その商品が入荷するまで待ってくれる顧客と、待てずに別の商品を買いに行ってしまう顧客の2種類である。後者のタイプの顧客が多い場合は致命的である。売り損じになるからである。前者の場合にしても、できるだけ早く入荷日を確定させなければならない。そうしないと、顧客は待ちきれなくて別のメーカーの商品を買ってしまうだろう。売り損じと同じ結果になってしまう。したがって、いずれにしても欠品を起こさぬように、製品を作っていかなければならない。それには自社内で、欠品が起こらないように納期を設定しておくことである。そしてまた、納期遵守が重要である。

145

第3章●納期管理

　では、納期を自社でどのように設定していけばよいか。

　自社で納期を設定できるといっても、製品を作るためには、自社の基準日程に応じた時間を要する。そこで、見込生産でも納期設定には、完成日時見積作業が必要になる。完成日時見積作業を行ったうえで、適切な生産計画のもとで、ムリのない納期を設定することが重要である。

（2）受注生産と納期見積もり

　受注生産は、顧客が自分の望む仕様の製品を自分が望む納期までに製造するよう注文する生産形態である。

　たとえば、ビル建設はその典型である。また、船の建造や特殊機械の製造など、ある特定の顧客の望む仕様を満たした生産は受注生産である。

　受注生産では、実現が難しいムリな短納期で受注したことによる納期遅延が発生しやすい。

　ムリな短納期となってしまう原因はいくつかある。1つは、顧客の要求に応じるままに短納期で契約してしまうこと、もう1つは、工場側の納期見積もりの甘さである。これらの原因に対する対策の1つは、工場側が合理的な納期見積もりをすることにある。ムリな短納期を決定しないこともまた重要な対策である。

　工場側は、顧客からの注文に対して、適切な生産を行い、現状の工場の生産能力を十分に認識したうえで、いつごろまでに作り上げることができて、いつごろ顧客に納品することができるかを合理的に見積もることが必要である。この見積もりがしっかりとできていれば、顧客が要求する短納期に対して盲目的に従うことを避けることができる。そして、お互いが納得のいく納期決定をすることができる。

　では、合理的な納期見積もりはどのようにして行うか。また、納期決定をどのようにしていくべきか。まず、受注生産をさらに次の2つに分けて考える。それは、注文品とほぼ同様の製品を過去に何度か製造したことのある場合と、初めて製造する場合の2つである。

Ⅰ　注文品とほぼ同様の製品を過去に何度か製造したことのある場合

146

（繰り返し型生産）

この場合は、納期決定はしやすい。過去に製造したときの記録が残っていれば、その記録を参考にして、納期を見積もればいいからである。それを顧客に提示して、顧客と納期を交渉する。

似たような製品を何度も繰り返して製造する形態を繰り返し型生産と呼ぶ。それに対して、次に述べるような生産を非繰り返し型生産と呼ぶ。

Ⅱ　初めて製造する場合（非繰り返し型生産）

初めて製造する製品の納期決定は難しい。初めての製造だから、どの工程でどのくらいの時間がかかるか、その推定が難しい。

たとえば、顧客の要求を満たすための部品が探せなくて、あるいは調達ができにくくて、時間がかかってしまうことがある。また、顧客の要求を満たすための設計に手間取ってしまい、予想以上の時間がかかってしまうこともある。さらに、加工工程で慣れていない作業のため、多くの時間を費やしてしまうこともある。そして、予想もしなかった突発事故が起こることもある。このようなことから、初めて製造する製品の納期決定は難しい。

しかし、初めて製造する場合といっても、始めから終わりまでのすべての工程、すべての部品を初めて製造する場合は多くない。一部の工程または一部の部品を初めて製造するだけで済む場合が多い。

この場合、初めての工程・部品以外については、過去に製造している経験があるので、その部分については過去の記録や経験から製造に要する時間を見積もる。これは、Ⅰの場合と同じように行えばよい。

一方、初めての工程・部品の製造に要する時間の推定は、前述したような事情や突発的な事故を十分想定して、見積もる必要がある。

このことから次のことがわかる。納期決定には、製造工程を分解して、分解した工程ごとにその工程で必要となる作業の時間を見積もっていけばよい。少なくとも繰り返し作業を行う工程と、繰り返し作業ではない工程の2つに分けて考えると、見積もりがしやすくなる。

第3章 ● 納期管理

（3）飛び込み注文などによる外的条件の変更と計画条件の不備

　受注生産では、せっかくよい生産計画を立てたとしても、飛び込み注文が入ってきたら生産計画は大きな影響を受ける。飛び込み注文が生産計画を作る前であれば、その影響は小さなもので済むが、生産計画を実行し始めた後に飛び込み注文が入った場合は、その影響が大きいといえる。これによって計画済みの注文に納期遅れが発生するおそれも出てくる。

　こうした飛び込み注文による影響を防ぐためには、第1は飛び込み注文を受け入れないことである。しかし、得意先の強い依頼があった場合には、飛び込み注文を受け入れざるを得ない場合は多い。このようなときには、生産計画時に飛び込み注文が入ることをある程度織り込んで、生産計画を立てるのも1つの方法である。たとえば、生産計画を密に立てないで粗く立てる。あるいは、可能であれば初めから工程への負荷を大きくしないように、余裕をもった生産計画を立てることである。

3　資材部門での要因と対策

　生産活動を円滑に行うには、必要なときに必要な資材を必要量、それを使用する製造現場に調達されていなければならない。ところが、これが常にうまくいっているとは限らない。資材の調達が円滑に行われていないために、納期遅れを発生させたという例は多い。

（1）調達計画の不備と調達遅れ

　資材調達を円滑に行うようにするためには、資材調達計画を周到に立てることである。いつまでに、何を、いくつ調達すればよいか。これらをしっかりと計画しなければいけない。それには、信頼できる生産計画を立て、その生産計画にタイミングよくかみ合わされた資材計画を立てることである。これを実現する計画法の1つがMRPである。

　MRP（Material Requirement Planning＝資材所要計画）は、生産や発注を効率よく計算する生産管理手法の1つで、部品や原材料などの資

148

第2節 ● 納期遅延の発生要因と対策

材を、その必要数量および納品時期を自動的に算出し、発注につなげてくれるようになっている。便利だが、うまく利用しないと在庫過多あるいは在庫切れを発生させてしまうこともある。

　MRPをうまく利用するには、各種パラメータの設定を的確に行う必要がある。MRPでは、自工場の特質に合ったパラメータを設定しなければならない。たとえば、納入リードタイムである。ある資材を購入先から調達するのに、購入先に発注してから何日後に当社に納めてくれるか。これが納入リードタイムであって、パラメータの1つである。この値、すなわち納入リードタイムをたとえば1週間と設定するか、2週間と設定するかによって、在庫過多あるいは在庫切れを引き起こす可能性が出てくる。納入リードタイムのパラメータを1週間に設定しているとき、もし、何らかの理由で2週間かかってしまったとすると、調達遅れが発生する。また、1回当たりの発注量のパラメータを100個に設定しておいたが、実際は90個しか調達できなかった場合には10個の欠品が発生する。このような欠品が続く場合は、パラメータの値を100個から90個に変更することも考えなければならない。こうしたパラメータの設定は納期管理にとって重要である。

　また、購入先が1週間で必ず納入してくれるなら、問題はないが、次のような問題も起こりうる。あるときは1週間で納めてくれたが、あるときは2週間かかった、というように納入にバラツキがある場合である。このように納入リードタイムが常に一定でない場合は、計画よりも統制のほうでカバーしていくことを考えざるを得ない。

（2）調達の統制の不備と調達遅れ

　計画をうまく立てることができない場合や、計画を立てることはできても、計画どおりにほとんど進まないという場合は、計画中心ではなく統制中心に納期管理を進めていくのがよい。

　統制中心というのは、前もって予定を立てるのではなく、実行してみてうまくいかないときは、そのときそのつど何らかの対策を立てる方式

149

第3章●納期管理

である。実行してみてうまくいったときはそのままでよい。

たとえば、資材が予定どおりに納入されなかったら、調達先に電話をして督促するとか、当方から取りに行くなどの手を打つことである。→ **本章第3節❷(2)「カムアップシステム」**

しかし、いくら統制中心といっても、そのつど対策を考えるのでは能率がよくない。そもそも、そのときタイミングよくよい対策がすぐに考え出せるかどうかも課題である。そこで、あらかじめ対策として次のようなことを準備しておくとよい。

① 発注先に生産予定表を提出させ、定期的な打ち合わせにより、進捗状況を確認して、納期の遵守を図る

② 毎月の納入成績をグラフにして、購買部門のフロアーに掲示し、納期を守ることの協力を求める

これは士気を高めたり、モチベーションを向上させたりするための方策である。

③ 多量の発注については、最終納期以外に分割納入日も決めて発注する

これはできるだけ一定速度で生産してもらうための方策である。納入期日間際になってムリにまとめて生産しようとすると、品質に問題が出てきて、結局発注量分を手当てすることができないというムダが発生するからである。

(3) 調達品の不備と在庫管理

調達先が納期遅れを発生させる要因が、生産技術の未熟さにある場合がある。このような場合は、発注先に技術的な指導をするなどの協力をするのがよい。また、技術が一定レベルに達しているかどうかをときどきチェックすることもよい。また、在庫管理では倉庫内のどこに、何が、どのくらいあるかを常に把握しておく必要もある。

調達先が納期どおりに納めてくれたとしても、納めた品物が不適合品であったり、当方が要求した仕様と異なっていたりしたら、納期遅れが

150

発生したのと同じこととなる。このようなことが起こらないようにするには、次の点に注意する必要がある。

① 当方が必要とする仕様や設計を明確に調達先に伝えること

特に、毎回異なる仕様あるいは設計の資材を注文するときは重要である。

② 仕様変更や設計変更をなるべく頻繁に行わないようにする

突然、仕様変更や設計変更をいわれると、調達先は困る。仮に変更を素直に受け入れてくれたとしても、調達先内部で混乱することも起こりうる。その結果、変更どおりの品物ができ上がらなかったということも往々にしてある。そのようなことを防ぐためにも、できるだけ仕様変更や設計変更を頻繁に行わないようにしたい。

③ 事前の技術評価や技術指導などを行う

不適合品が発生するのは、技術が不足していたり、品質管理が悪かったりするためである。その対策の1つは、調達先に対して品質管理を含めた技術指導を行うことである。

在庫管理では、**コック倉庫方式**（自社倉庫に購買品を預かり、使用した分＝購買量として支払いを行う調達形式）や**VMI**（Vendor Managed Inventory＝調達先による在庫管理）手法も導入されている。使用量に合わせて、調達先が補充する方式である。この場合、適切なルールを調達先と事前に決めておくことや、調達先とは生産計画に基づく調達計画や実績、在庫の最新状況などの情報を共有することが重要である。しかし、中小企業については投資が難しい場合があるので、在庫量を把握する体制はつくっておくことが必要である。

4 製造部門での要因と対策

（1）作業管理・設備管理上のトラブル発生による遅れ

どんなに合理的な生産計画を立て計画どおりに進行していても、製造工程での作業トラブルや設備故障などによる突然のトラブルが発生して、

第3章●納期管理

計画どおりに進まなくなる場合がある。加工作業を失敗した、組立間違いを起こした、落下させて破損した、塗装がうまくいかなかったというような失敗が起こりうる。あるいは、製造はうまくいったが、計画した以上に大幅な時間がかかってしまったということはよくあることである。

さらにいえば、自然災害によるトラブルなどもある。雷による電力供給の停止、地震による機械や設備などの故障、そのほか台風や洪水による工場の停止や交通網の乱れによる納品遅れなどである。

もう一方で、自然災害ではなくとも、機械や設備が突然何らかの原因で停止したり、故障したり、破損したりすることもある。作業員が突然病気になって欠勤し、作業の進行が計画どおりに進まないことも起こりうる。

このようなトラブルは、納期遅れの原因になってしまう。それに対する対策としては、計画面と統制面から次のようなものがある。

I　計画面からの対策

計画面からとりうる対策としては、こうしたトラブルに対してあらかじめ、余裕をもった計画を立てること以外にない。たとえば、1ヵ月でできる仕事に対しては、1ヵ月に余備日数として3日間を追加して計画を組む、というようにすることである。このとき、余備日数として3日間にするか4日間にするかという問題がある。それは、過去の経験と勘で決めざるを得ない。台風のように2〜3日前から予測が比較的できそうな場合は、予測をして、余備日数を追加する。

II　統制面からの対策

自然災害や突然の事故や病気などによるトラブルへの対策は、上記の計画面からの対策よりも統制面からの対策をとるほうが、多くの場合効果的である。統制面からの対策は次のようになる。

①　臨時的に能力を増加する

これは、簡単にいうと残業をしたり、休日出勤をしたりすることである。可能であれば、急きょ外注する。また、アルバイトを雇ったり、他部門から応援を頼んだりする。これらが、臨時的に生産能

152

力を増加することに該当する。

② 納期遅れになりそうな仕事を優先的に処理していく

　トラブルが発生したとしても、すべての仕事に対して納期遅れが発生するとは限らない。納期がかなり先の時点になっている仕事については、今後、徐々に挽回していくことができることもある。

　そこで、最も納期遅れが確実になりそうな仕事で、かつ納期遅れを発生させると最も悪影響を被ることになる仕事を選別し、この仕事について優先的に納期挽回の策をとる。

（2）手配、進捗管理・現品管理の不備

　生産実行の手配が遅れてしまうことにより、納期遅れが発生することがある。通常は、そのようなことがないように周到な計画を立てる。しかし、計画に誤りがあって手配が遅れてしまうことがある。また、計画に誤りはないが、計画どおりに手配をしなかったため遅れが発生してしまうこともある。

I　進捗管理

　進捗管理とは、「仕事の進行状況を把握し、日々の仕事の進み具合を調整する活動。注釈1　進度管理又は納期管理ともいう」（JIS Z 8141：2022-4104）と定義される。機械が、不適合品を作ることなく正常に稼働していたとしても、また作業者が作業を正しく行っていたとしても、それらが計画日時どおりに行われないと、納期遅れを引き起こす。特に、作業の開始を計画した日時どおりに行うことが重要である。開始日時を間違えたり、忘れたりすることは、納期遅れを引き起こす原因となる。

　開始日時を間違えたり、忘れたりすることのないように、指示を徹底化する管理を指示管理という。

　また、部品や原材料を外部から購入している場合は、部品や原材料の欠品が生じることは、納期遅れを引き起こす原因となる。部品や原材料を常に適切にタイミングよく入荷できるようにする管理を発注管理という。指示管理および発注管理はよく似た作業なので、これらをまとめて、

発注・指示管理ともいう。

発注・指示管理は、在庫管理と密接な関係がある。いつも、ある程度の在庫をもつように発注・指示管理をしている場合、その管理は在庫管理といってもよい。逆に、在庫管理は発注・指示管理からなっているといってよい。発注・指示管理と在庫管理の違いは、発注・指示に重点を置くか在庫に重点を置くかの違いである。

欠品が発生したら、重大な納期遅れの原因になるような部品や原材料については、在庫管理の考え方で管理するとよい。

見込生産では、製品を在庫しておいて、在庫分から納品していく。見込生産では、製品在庫が欠品したとき、指示管理に誤りが生じている疑いがある。見込生産では、一般に顧客と納期の契約はしないので、顧客への納期の管理は特に行わないが、それに代わる管理が製品の在庫管理である。その意味で、見込生産では、製品の在庫管理は重要である。また、見込生産では、いま述べたように顧客と納期の契約は行わないが、工場内の納期や社内の納期などは設定するのが普通である。

Ⅱ　現品管理

現品管理とは、「資材、仕掛品、製品などの物について運搬・移動又は停滞・保管の状況を管理する活動。注釈1　現品の経済的な処理並びに数量及び所在の確実な把握を目的とする。現物管理ともいう」（JIS Z 8141：2022-4102）と定義される。この把握が十分にできていないと、"あるはずのモノがない！"ということになって、それを探したり、あるいは再調達したりするための時間をとって、納期遅れを引き起こすことになる。

現品管理を十分に行えるように、種々の方法が考えられてきている。たとえば情物一致の考え方や目で見る管理、バーコードの使用、ICタグの使用、POP（Point of Production＝製造時点情報管理）などがあるので、これらのしくみを構築するとよい。

（3）関連者間での情報伝達の不備

進行状況を関連者間で知らせ合うことも進捗管理の1つの手段である。

関連者に、どの仕事は順調に進み、どの仕事は順調に進んでいないかを互いに知らせ合う。その意味で、ミーティングが役に立つ。

たとえば、毎朝短時間でもいいから、関連者によるミーティングを開いて、関連者の担当する工程の進行状況を知らせ合う。

ミーティングによる方法は、POPなどの機械による方法や、図表を描く方法に比べると、遅れを是正しなければいけないという士気を盛り上げる効果がある。反面、関連者の時間を消費してしまうという欠点がある。

人間が進行状況をチェックする方法にしても、POPのように機械に進行状況をチェックさせる方法にしても、スケジュールどおりに、あるいは計画どおりに、仕事が進行しているかどうかを常にチェックすることは、納期管理にとって重要な作業である。

5 物流部門での要因と対策

（1）納入・搬出トラブルによる遅れ、誤配送

納入物が大きいモノや重いモノについては、納入・搬出時にトラブルが発生することが、ほかのモノに比べて起きやすい。このトラブルによって、納入物を破損したり、傷つけたりしたときは、手直しや、場合によっては作り直しを余儀なくされることがある。このとき納期遅れが発生する。

納入・搬出時に破損や傷がつかないように、注意することがまず第1である。そして、そのようなことが起こらないような梱包を工夫することも重要である。さらに、納入・搬出の作業をマニュアル化したり、標準化したりすることも行っておくとよい。工場内の物流についても、同様の視点から標準化を行う必要がある。

一方、納入先を誤って、別の所に届けてしまうことがある。このときはいったん回収して、正しい所に届け直さなければならない。そのようなことをしているうちに、納期遅れになってしまう誤配送の原因は、あて先の住所やあて名などの情報に間違いがあることが多い。受注したと

155

第3章● 納期管理

き、あるいは契約したときは、どこに完成品を届ければいいかを明確にしておかなければならない。また、常連の顧客であれば、住所やあて名などの情報をデータベースとして保管し、必要に応じて更改できるようにしておく。そして、このデータベースには搬送時間が最小となるような最短ルートや、道路の混雑状況などのデータも付加しておくと便利である。道路の混雑などによって、約束した納入時点から遅れてしまう場合もあるからである。また、物流分野でも国際的な物流が拡大しているので、グローバルな視点で管理を行うことも必要となる。

（2）外的要因、計画の不備による遅れ

物流においても、さまざまなトラブルが発生する可能性がある。トラックで運搬しているときは、交通事故や交通渋滞が納期に影響を及ぼす可能性がある。このことを考慮に入れて、物流計画を組むことも考慮しておくとよい。

第3節●納期管理の手法

第3節 納期管理の手法

学習のポイント

◆計画と実績の差異分析では、現状の把握が重要である。
◆現状把握の方法としてPOPは有効である。
◆納期遅れ発生要因のチェックリストを作成し、納期遅れを未然に防ぐようにすることも重要である。
◆進捗管理の手法である、ガントチャート、カムアップシステム、製造三角図、流動数曲線、進度管理盤について理解する。

1 納期遅延・日程遅延の分析

　納期遅延や日程遅延が生じた場合は、なぜそれが生じたのかという分析を行う。分析により今後、同種の遅れが生じないよう対策をとるべきである。

（1）計画と実績の差異分析
〈現状の把握〉

　まず現状の把握を行う。計画した納期に対して実際の納期がいつであったか。計画した日程に対して実際の完了日時がいつだったのか。現状の把握は、作業日報をつけているのならそれをたどる。日報の記録が明確ではないときは、その前後の状況から推定する。また、検査伝票からも実際の作業実績を推定することができる。検査伝票には、受け入れた原材料や部品の名前とともに日付も書かれているからである。もし、現品票を付ける習慣がある工場ならば、現品票からも作業実績の一部がわ

157

かる。現品票の目的は、品名や数量を正確に確認することにある。

POPを導入している工場では、現状把握は楽である。POPは、スーパーマーケットなどにあるPOS（Point of sales＝販売時点情報管理）を生産システムに応用したシステムである。POPでは、加工作業などが開始されたらその旨の信号が中央のIT機器に送信される。終了したらまたその旨送信される。こうして、現場の進行状況を中央でモニタリングしようという考え方である。POPを使うと、納期管理担当者の負担を軽減できる。

（2）納期差異の分析

現状の納入日時の実績や進行状況の実績を把握したら、予定したそれらと比較する。そして、予定納期よりも遅れた件数を数える。あるいは、予定納期よりも早く納入した件数を数える。そして、それらが全件数に占める割合を計算しておく。納期遅れ時間別の頻度分布表を作成すると、なおわかりやすい。たとえば、10％の納期遅れが全体の５％近く発生したことなどがわかるように分析・計算しておくとよい。

（3）納期差異原因の追求

納期差異が大きい場合は、その原因を徹底的に究明すべきである。特に、納期遅れが頻発している場合は、納期見積方法に問題があることを疑うべきである。あるいは、計画方法に問題があるかもしれない。

納期見積もりは、主として受注生産で行われる。したがって、受注生産の工場で納期遅れが多い場合は、納期見積もりの方法が納期差異の原因である可能性が高い。

（4）対策の立案・実施

受注生産において納期見積もりが原因で納期遅れが発生すると推定される場合は、納期見積もりの方法を考え直すべきである。

見込生産において日程計画どおりにいかないことが多い場合は、計画

の立て方に問題があるかもしれない。その場合は、計画の立て方について根本的に考え直す必要がある。

　また、対策はすぐに実行できるものと、準備を必要とするものがある。特に、機械や設備を新たに導入したり、改造したりする必要がある対策は、実行するのに時間がかかる。このような場合は、対策の優先順位を決めておくとよい。すぐに実行できる対策は優先順位を上位にする。時間がかかりそうな対策や多額の費用がかかりそうなものは、優先順位を下位にせざるを得ないことが多い。しかし、このような納期差異分析を何回も行うに従って、それらの優先順位が高くなる。

（5）再発防止対策

　納期遅延に関する対策は、日常業務として位置づけ、常に監視し、調査を行い、分類してすぐに対応できる体制を整えておくことが重要である。一般に、遅延の対策として以下のことが考えられる。

① 上流工程で発見できるようにする

② 遅延の原因を追求し、責任体制を整える

③ 対策として、緊急に行うものと、再発防止のために行う根本的なものとに分けて考えておく

④ 責任者への追及を行い、その対応について責任ある対策を求めるようにする

⑤ 対応策を実施し、その結果についても責任をもたせるように努める

⑥ 納期遅れの有無についての調査・確認は、毎日のようにできるだけ頻繁に行うようにする

⑦ 遅延の内容を整理するため、定義と基準を明確にしておく

　上記のように、第1に、納期遅延が発生する根本原因を発見することこそ、再発防止の第一歩であることを認識することが重要である。第2に、納期遅延の原因となった部署の責任体制を明確にしておくことにより、再発しにくくすることが重要である。第3に、再発防止に役立つように、納期遅延原因の分類整理を行い記録に残すとともに、その対策や

結果を記録しておくことも重要である。

具体的な対策としてたとえば、
① 受注時に能力に見合った納期設定を行う
② 生産計画を立てるときに、能力と負荷のバランスを考え余裕をもった計画を立てるようにする
③ 製造時に生産計画以外の特急の仕事や、予定にない仕事を入れないように努め、計画変更を行わないようにする

などがある。

2 進捗管理の手法

(1) ガントチャート

ガントチャートは、図表3-3-1のように、横軸に時間、縦軸に工程などをとり、顧客の注文が「何時から何時まで」「どの工程で」処理されていくかを表す図である。

ガントチャートは主に個別生産で使われる。個別生産では一般に種々

図表3-3-1●ガントチャート

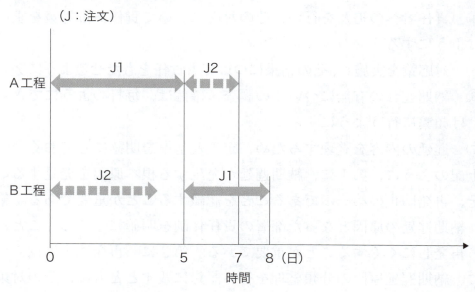

第3節 ● 納期管理の手法

の工程の処理をしなければならないからである。また、ガントチャートは日程計画や生産統制にも使われる。ガントチャートが日程計画に使われるのは、詳細な計画を立てることができるからである。つまり、ガントチャートによれば、工程別・仕事別に着手・完了時刻まで計画することができる。ガントチャートを生産統制に使うことで、工程別・仕事別の着手・完了時刻が計画どおりに進んでいるかどうかを図式から読みとることができる。また、ガントチャートは、製造管理盤として使われることもある。

（2）カムアップシステム

　カムアップシステムとは、「あらかじめ一品ごとに作業開始を命令する帳票を日程順に整理し、棚、ケースなどの容器に保管しておき、所定の時期に自動的に命令、督促するとともに、完了の報告を受けて納期をフィードバックするシステム。注釈1　ティクラーシステム又はフォローアップシステムともいう」（JIS Z 8141：2022-4304）と定義される。この方法は、IT機器が普及する以前から行われてきた方法である。

　まず日ごとのカードを用意する。そのカードには、各日ごとにその日に行われる予定を書き込んでおく。たとえば、4月1日のカードには、「4月1日、D社から部品Eが100個届く予定」と書き込み、日時順にファイルボックスに入れておく。発注・指示管理者は、毎日このファイルボックスの中にあるカードを見る。そして、4月1日に近づいたある日、「4月1日、D社から部品Eが100個届く予定」と書いてあるカードを読み、必要があればD社に100個分の配送の督促をする。そうすることによって、4月1日に確実にD社から部品Eを100個届けてもらうことができる。

　カムアップシステムは、警告をするシステムの一種であるともいえる。この警告は、今日ではIT機器で行われており、そのスケジュールソフトにおいて、警告機能が整備されている。

　さらに、IT機器を使用して、督促を自動的に行えるようにすることも

161

できる。こうしたカムアップシステムは、自動督促システムということができる。

(3) 製造三角図（進度グラフ）

製造三角図（進度グラフともいう）は、図表3-3-2のように、横軸に時間、縦軸に累計生産数量をとり、計画値と実績値を描いたものである。

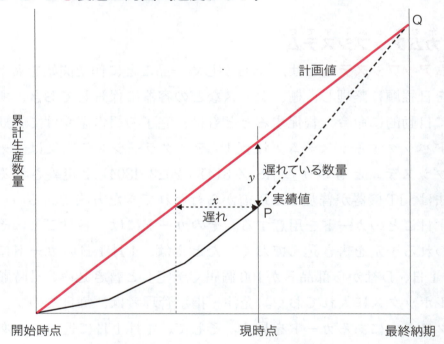

図表3-3-2 ● 製造三角図（進度グラフ）

この図によると、計画値に比べて実績値がどの程度のところにあるかが一目でわかる。まず、図の x から、遅れている日数がわかる。図の y からは遅れている数量がわかる。そしてP点とQ点を結んだ勾配から、生産計画達成のために必要な今後の生産速度がわかる。

このように、製造三角図によれば、計画に比べて実績の進捗がどの程度のところにあるのかが一目でわかる。

製造三角図は、縦軸に累計生産数量をとることから、量産品製造現場

の進捗管理に用いることができる。

（4）流動数曲線

流動数曲線とは、「流動数グラフ、又は累積グラフともいい、時間経過の中で、物財の流れの状況を把握するために、流入量と流出量との対応関係を視覚的に表す方法である」（JIS Z 8141：2022-4302　注釈1）と定義される。流動数曲線は、図表3-3-3のように、横軸に時間、縦軸に累積数量をとり、ある物がインプットされ、それが処理されてアウトプットされる流れの累積量を描いた図である。

たとえば、インプットとしてある工程に入った半製品の累積数量をとる。そして、アウトプットとしてその工程で処理されて出ていく完成品の累積数量をとる。すると、インプットの累積線とアウトプットの累積

図表3-3-3 ● 流動数曲線

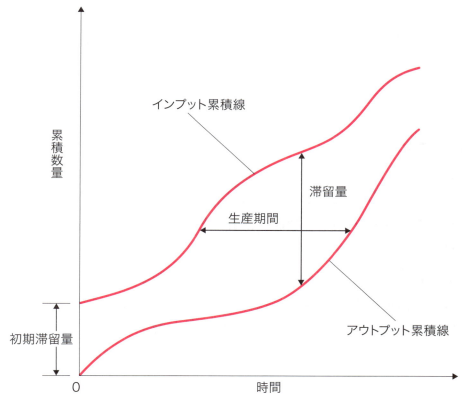

線との縦方向の差は、その日に当該工程に存在しているモノの個数を表す。また、横方向の差は、当工程にインプットされてからアウトプットとして出るまでの期間を表す。この期間は、当工程で処理を待つ待ち時間と処理時間とからなる。この期間を生産期間と呼ぶことがある。

　もし、インプットの累積線とアウトプットの累積線が接するような場合は、存在量がゼロに近い状態にあることになる。ということは、最悪の場合、インプットがなくなって、当工程では処理する対象物がない状態になる。つまり、インプットの欠品が発生することになる。

　ただし、現実にあるモノを対象としている場合には、インプットの累積線とアウトプットの累積線が接することはあっても交差することはない。インプットの累積線は常にアウトプットの累積線の上方になければならない。もし、データをプロットしていって、両曲線が交差するようなことがあれば、それはデータの誤りと考えられる*。一方、横方向の差が大きい場合は、長期にわたって当該工程における在庫が発生していると考えられる。

　　*たとえば、需要量の情報が供給量を上回る場合には、累積需要線のほうが累積供給線より上側に描かれることになる。この場合には、品切れによる不足量をその差として読み取ることができる。

（5）管理盤

　管理盤とは、「作業者別又は機械別の作業予定を提示し、作業進度及び作業余力の統制状況について、作業伝票などを用いてそれを表示し、管理を行う盤」（JIS Z 8141：2022-4301）と定義される。図表3-3-4にその一例を示す。

　種々の管理盤が工夫されている。最も基本的な管理盤は、盤に釘が打ってあり、釘の部分に作業伝票をつるす方式である。ある工程で作業が終了し次の工程に移った場合は、その伝票を盤上の次の工程の釘につるす。こうすると、工程の進行状況を盤面の伝票の移動によって目で見ることができる。

164

図表3-3-4 ● 進度管理盤

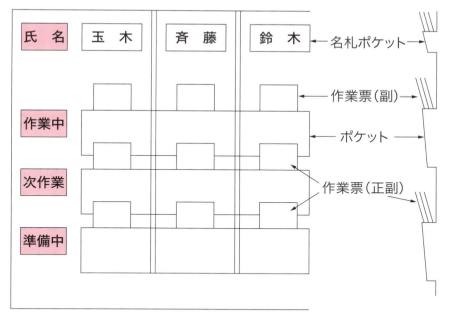

　管理盤に釘を打つかわりに、図表3-3-4のように盤面にポケットを設け、そこに伝票を差す方式の管理盤もある。また、盤面を鉄板で作り、伝票をマグネット付きにして、磁石の力で貼り付けて工程の移動を表現する管理盤もある。

　さらに、盤面をほとんどガントチャートと同じような構成にして、ガントチャート図として管理盤を操作する方式もある。

　管理盤のよいところは、多くの人が同時に目で確認できることである。かつ、変化をすぐに盤面に表現し直せることである。盤面上でシミュレーションもできる。盤面を見ながら、仕事を差し立てていくことができるところから、管理盤を差立盤ともいう。

　このような利点によって、IT機器が普及した今日でも、管理盤は現場で活用されている。

第3章 ● 納期管理

第4節 目で見る管理

学習のポイント

◆「目で見る管理」とはどういうことか。目に見えさえすればいいのか。
◆生産計画や統制では、情報を見ることが中心になる。
◆資材や在庫管理では、現物はもちろん、情報も見ることが必要である。
◆これらの取り組みから生産状況を素早く把握して、適切な対策を講じる必要がある。

　目で見る管理とは、「見える化ともいい、作業者又は管理者が、進捗状況又は正常か異常かどうかといった生産の状況を一目で見て分かり、管理しやすくした工夫」（JIS Z 8141：2011-4303）と定義される。すなわち、状況が視覚を通してすぐにわかり、異常があったらそれに対する対策が速やかに立てられ、そして実行に移せる一連の体系である。
　状況は、実際の現場を見るということに限らない。情報に対しても、"目で見る"ことを考える。たとえば、状況を文章で説明するよりも、グラフや図のほうがわかりやすい場合がある。このとき、文章と比較して、グラフや図を"目で見る"といういい方をする。かんばん方式も同様である。かんばん方式の場合は、かんばんを使って、現場のモノと情報を同時に見ることができる。そのため、かんばん方式も"目で見る"といういい方がなされている。
　目で見る管理ができれば、管理の効率は大きく向上する。

第4節 ● 目で見る管理

1 生産計画・統制での目で見る管理

（1）生産計画での目で見る管理

　生産計画は、"モノ"ではなく"情報"である。情報は通常目に見えない。しかし、情報を図やグラフにすると目に見えるようになり、短時間に理解しやすくなる。

　たとえば、前述した製造三角図や流動数曲線は、一見して計画と実績のプロセスがどのようになっているかがわかる。これが、もし表形式で表現されているとわかりにくい。ただし、表形式は正確性についてはグラフや図より勝っている。ガントチャートも計画を目で見せる方法の1つということができる。

　量産品を製造している工場に行くと、現場に電光掲示板があるのをときどき見かける。電光掲示板には、現在の生産量や目標生産量が大きく数字で表示されている。この数字を作業者が見て、目標より遅れているか進んでいるかを瞬時に理解することができる。そして、作業者全員に進捗管理をさせ、作業の士気を高揚させることに役に立つ。これも目で見る管理の1つである。

（2）統制での目で見る管理

　統制における目で見る管理とは、計画と実績の比較が目で見られるようにした工夫である。その意味では、製造三角図や流動数曲線は統制の目で見る管理ということができる。

　しかしまた、比較だけではなく、対策案を考え出すのに役立つ目で見る管理がある。その1つが、管理盤である。管理盤は多くの場合、管理盤上で計画の変更を試すことができる。管理盤上にあるジョブのカードなどを動かして、今後の計画をシミュレーションして見ることができる。しかも、管理盤なので数人の人が同時に見ることが可能である。これは、統制における目で見る管理である。

167

第3章●納期管理

2 資材・在庫・物流での目で見る管理

（1）資材での目で見る管理

　倉庫に行って保管してある資材を見てみよう。そこでは、確かに資材が存在していることが目で見てわかる。しかし、そこに何がいくつあるかは、数えてみなければわからない。数えるには時間を要する。すぐに、「245個ある」というような数え方は一般にはできない。しかし、もしIT機器などで現在何がいくつあるかを計算していてくれて、しかも電光掲示板のようなものでその数を表示していてくれれば、倉庫に入ったとたんに何がいくつあるかを“目で見て”把握できる。これは、目で見ただけではわからない数字を、IT機器などによって“見える化”していることである。このように、目で見る管理とは見える化という努力を抜きにしては達成できない。

　資材についての目で見る管理は、見える化をして、何がいくつあるかを即時にわからせることである。そしてさらに、何がいくつ不足しているか、あるいは多すぎるかが即座にわかるようになっているとなお管理しやすい。それが次の在庫での目で見る管理になる。

（2）在庫での目で見る管理

　在庫では現品と情報の管理が重要である。単に“資材”というと、何がいくつあるかがわかればよいだけではない。現品の見える化としては、置き場と置き方を決めて守ることであり、情報の見える化には、入出庫のたびに変化する在庫を、いかなる資材がいくつ不足しているのか、あるいは多すぎるのかを即座に見て把握できることである。

　目で見る管理の基本として、定位・定品・定量がある。定位とは置く場所を定めること、定品とは置くものを定めること、定量とは置く量を決めることである。このように現品と情報を規定することで見える化が促進される。

168

第4節 ●目で見る管理

（3）物流での目で見る管理

　物流はモノの流れである。モノの流れを目で見ることができれば、物流の目で見る管理ということができる。

　テレビなどでときどき放送している交通情報図は、交通状況の目で見る管理に通じる。このようなシステムを物流会社が使用して、実際にモノの流れを目で見られるようにしている例もある。これが物流での目で見る管理である。

　このように、目で見る管理をすることにより、視覚を通して比較的短時間で現況のデータを把握することができる。その結果、進捗管理や納期管理に有効に使うことができる。また、この管理をさらに工夫することにより、納期遅れへの対策を発案しやすくできる。

Column　コーヒーブレイク

《短納期で生き残りをかける電子部品卸売業》

　自社としての生産機能を一切もたずに、多数の電子部品メーカーとのパートナーシップを大切にしながら、「1分1秒を短縮する短納期の取り組み」をセールスポイントにして、毎年増収増益を達成している電子部品卸売業が存在する。全国どこへでも1個から無料配達・短納期対応することで、顧客にとっての時間価値を生み出すことに注力している。

　当該企業は、「在庫なし、多種少量生産、超短納期」といったファブレス企業の強みを最大限に生かして、新たな市場ニーズをみずから生み出しながら持続的な成長を遂げている。新たな時間価値を生み出すことに徹底的にこだわって、大企業との差別化を図りながら「大企業との価格競争を回避するしくみづくり」に成功した企業といえる。

169

第3章 ● 納期管理

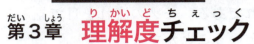

第3章 理解度チェック

次の設問に、○×で解答しなさい（解答・解説は後段参照）。

---

1 組立工程で資材の欠品による納期遅れが多く発生する工場では、外注や購買の納期管理に問題がある。

2 製造三角図は、横軸に時間を目盛り、縦軸に計画項目を並べて、計画値と実績値を描いたものである。

3 流動数曲線で、もしインプットの曲線とアウトプットの曲線が交差するようなことがあれば、それは、データの誤りと考えられる。

4 目で見る管理とは、工場勤務者のだれでもが現場を目で見えるようにすることである。

解答・解説

1 ×
必ずしもそうとはいえない。自社製造の資材の完成が遅れると、組立工程で資材の調達遅れが発生する。自社にも問題があることを疑うべきである。

2 ×
製造三角図の縦軸は、累積生産数量をとる。

3 ○

4 ×
目で見る管理は、工場勤務者のだれでもが見えるようにする必要はない。関係者に見えるようにすればよい。また、見えるようにする対象は現場だけではない。

第3章 ● 理解度チェック・参考文献

参考文献

日本経営工学会編『生産管理用語辞典』日本規格協会、2002年

工程管理ハンドブック編集委員会『工程管理ハンドブック』日刊工業新聞社、
1992年

生産管理便覧編集委員会『新版 生産管理便覧』丸善、1991年

第4章

安全衛生管理

この章のねらい

　企業の生産活動においては、いわゆるQ（品質）、C（コスト）、D（納期）が重要であることはいうまでもない。しかし、労働災害を防止し労働者の健康を確保することは、事業者の基本的責務であり、労働安全衛生法でも事業者責任が明確に定められている。

　第4章では、生産管理スタッフとして修得してほしい労働災害防止や健康の保持増進にかかわる基本的な必要知識について、労働安全衛生法を中心に学ぶ。

　なお、以下では「労働安全衛生法」を「安衛法」、「労働安全衛生法施行令」を「安衛令」、「労働安全衛生規則」を「安衛則」と略記する。また、これらを合わせて「労働安全衛生法令」と記す。

第4章● 安全衛生管理

第 1 節　安衛法の概要

学習のポイント

◆労働安全衛生法令は安全衛生管理の骨格をなすものであり、本法を守ることは生産管理スタッフとしても重要である。本節では生産管理スタッフに関係が深い事項を抜粋し記載しているのでその概要について理解する。

1　安衛法の概要1（第1章～第4章）

（1）労働災害等の定義

① 労働災害とは労働者が業務上負傷し、疾病にかかり、または死亡することをいう。

② 労働者とは職業の種類を問わず、事業または事務所に使用される者で、賃金を支払われている者（アルバイトやパート社員も含む）をいう。

③ 事業者とは労働基準法の使用者と異なり、事業経営の義務主体者としてとらえ、法人企業であれば、法人そのもの（法人の代表者ではない）、個人企業であれば個人経営主をいう。

（2）事業者等の責務

① 事業者は安衛法の定める最低基準を遵守しなければならない。

② 快適な作業環境の実現と労働条件の改善への努力義務を負う。

③ 国の労働災害防止施策に協力する義務を負う。

④ 注文者等仕事を他人に請け負わせる者は、施工方法や工期等の契

174

第1節 ● 安衛法の概要

約内容が安全衛生を損なわないよう配慮する義務を負う。

（3）事業者の講ずべき措置

事業者は、次の危険防止、健康障害の防止、および健康、風紀等を保持するための必要な措置を講じなければならない。

① 機械、器具等の設備による危険や爆発性・引火性等の物による危険
② 電気・熱・その他のエネルギーによる危険
③ 荷役等の業務における作業方法から生ずる危険
④ 原材料、粉じん、酸素欠乏空気等による健康障害
⑤ 重量物運搬の際に発生する腰痛症等の作業行動から生ずる労働災害防止措置　他

（4）事業者が行うべき調査等

① 安全管理者の選任義務のある業種と規模の事業場では、建設物の設置・変更・解体のとき、および設備・原材料等の新規採用・変更のとき、または作業方法や手順の採用・変更時等に事業者はリスクアセスメントを行い、その結果に基づいて労働者の危険または健康障害を防止する必要措置を講ずる努力義務を有する。
② 危険または健康障害を生ずるおそれのある安衛法で定めるリスクアセスメント対象物を取り扱う全業種の事業場では、化学物質の新規使用・変更時等に事業者はリスクアセスメントを実施し、その結果に基づく必要措置を講ずる義務を有する。

（5）元方事業者等の講ずべき措置等

① 全業種の元方事業者は、関係請負人およびその労働者が、労働安全衛生法令に違反しないよう指導し、違反していると認識した場合は、その是正を指示する義務を有する。
② 製造業に属する元方事業者は、その労働者および関係請負人の労働者の作業が同一の場所で行われることで生ずる労働災害を防止す

175

第4章 ● 安全衛生管理

るため、元方事業者と関係請負人相互間の連絡および調整や安全上の合図・標識・警報の統一等の必要措置を講じなければならない。

③　1つの貨物で、重量が1トン以上の物を発送しようとする者は、見やすくかつ容易に消滅しない方法で、当該貨物にその重量を表示しなければならない（事業場構内での荷の移動、および包装されていない貨物でその重量が一見して明らかであるものは含まない）。

※元方事業者とは、1つの場所で行う事業の一部を請負人に請け負わしている事業者である。

2　安衛法の概要2（第5章～第12章）

（1）監督等

①　安衛令で定める業種および規模に該当する事業場の事業者は、建設物・機械等（仮設の建設物または機械等で安衛令に定める物を除く）を設置・移転・変更しようとするときは、その計画を工事開始の30日前までに労働基準監督署長に届け出なければならない（ただし、安衛則の定めにより労働基準監督署長が認定した事業場を除く）。

②　特定機械等の届出

前項の規定は、前項の安衛令で定める業種および規模に該当しない場合であっても、危険もしくは有害な作業を必要とする動力プレス機械など安衛則別表第7に掲げる機械等を設置・移転・主要構造部分の変更をしようとするとき事業者は、その計画を工事開始の30日前までに所轄労働基準監督署長に届け出なければならない。

③　労働基準監督官の権限

労働基準監督官は、安衛法の規定に違反する罪について刑事訴訟法の規定による司法警察員の職務を行う。

④　労働者の申告

労働者は、事業場に法違反の事実があるときは、その事実を都道府県労働局長、労働基準監督署長等に申告して、適当な是正措置を

176

求めることができる。

⑤　事業者は、労働者の申告を理由に、労働者に解雇等不利益な取り扱いをしてはならない。

（2）雑則等

①　法令等の周知

事業者は、安衛法およびこれに基づく命令の要旨を常時各作業場の見やすい場所に掲示し、または備え付ける等の方法により、労働者に周知させる義務がある。

②　事業者は、安衛法に定める通知対象物の文書の交付等により通知された事項を、その取り扱う各作業場の見やすい箇所に常時掲示し、または備え付ける等の方法により労働者に周知させなければならない。

第2節 安全衛生管理体制の構築等

学習のポイント

◆ 安全衛生活動を推進するために重要となる安全衛生管理組織の構築を中心に、災害統計などについて理解する。

1 管理体制に関する法規制

安全衛生管理体制は、安衛法第3章に安全管理体制に関する規制が定められている。

管理体制は、事業場の業種や規模等で異なっているが、大規模事業場（規模300人以上の製造業）の管理体制イメージ図を図表4-2-1に示す。

図表4-2-1 ● 大規模事業場の安全衛生管理体制（例）

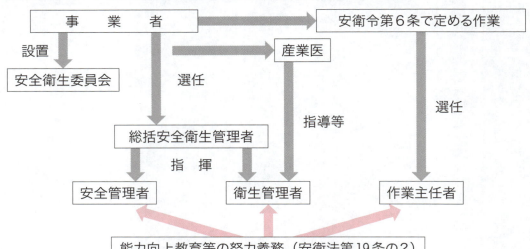

第2節●安全衛生管理体制の構築等

（1）総括安全衛生管理者等の選任

①　総括安全衛生管理者は、業種別に事業場規模（常時使用する労働者数）にて選任基準が定められているが、製造業では300人以上の事業場に選任が必要である。

②　安全管理者は、製造業等定められた業種で常時50人以上の労働者を使用する事業場に選任が必要であり、選任者数は事業場規模および事業態様に則した人数を選任する。

③　衛生管理者は、常時使用する労働者が50人以上の全業種の事業場に選任が必要であり、事業場の規模が50〜200人は1人、201〜500人は2人、501〜1,000人は3人というように、事業場の規模に応じて定められた数以上を選任する義務がある。

④　安全衛生推進者等

安全衛生推進者または衛生推進者を選任すべき事業場は、従業員数10人以上50人未満の事業場（安全管理者の選任対象業種では安全衛生推進者、それ以外の業種では衛生推進者）であり、選任すべき事由発生から14日以内に選任しなければならない。

⑤　産業医

産業医は、全業種で50人以上の労働者を使用する事業場に1名（非専属でも可）選任しなければならない。常時1,000人以上の労働者を使用する、および安衛則に定める有害業務従事者500人以上を使用する事業者は、事業場専属の産業医を1名選任しなければならない。

⑥　作業主任者

労働災害防止のため管理を必要とする作業のうち安衛令で定めるもの（ボイラー取り扱い作業、第1種圧力容器の取り扱い作業、酸素欠乏危険場所における作業等）は、資格を有する者のうちから作業主任者を選任し、その者の氏名・その者に行わせる事項を作業場の見やすい箇所に提示する等により関係労働者に周知させなければならない。

第4章●安全衛生管理

---

2 災害統計等

　一般に労働災害発生状況を示す尺度は、災害の発生頻度として度数率と千人率、被災程度の大きさとして強度率が用いられ、業種別の位置づけ、同業他社との比較、自社の事業場別の比較、職場単位での比較、経年変化など多く活用されている。

1）度数率

　度数率は、100万延べ実労働時間当たりに発生する死傷者数（休業1日以上および身体の一部または機能を失う者の数）で表し、死傷者数や、延べ実労働時間数は6ヵ月または1年といった一定期間を区切って表す。

$$度数率 = \frac{労働災害による死傷者数}{延べ実労働時間数} \times 1{,}000{,}000$$

2）年千人率

　年千人率は、労働者1,000人当たり1年間に発生する労働災害による死傷者数で表す。算出が容易でわかりやすいが、労働時間数や日数に変動が多い職場には向いていない。

$$年千人率 = \frac{労働災害による年間死傷者数}{年間平均労働者数} \times 1{,}000$$

3）強度率

　強度率は、1,000延べ実労働時間当たりの労働損失日数で表す。

$$強度率 = \frac{延べ労働損失日数}{延べ実労働時間数} \times 1{,}000$$

　ここで、上記の式の延べ労働損失日数は、1人当たりの労働損失日数を合算して算出されるが、1人当たりの労働損失日数は、次式により求められる。

180

$$1人当たりの労働損失日数＝休業日数 \times \frac{300}{365}$$

　また、死亡または労働能力の一部または全部が失われた場合は、労働損失日数は、死亡または障害の等級に応じて図表4-2-2で定められた日数とされる。

図表4-2-2 ● 労働災害の障害等級と労働損失日数

等　級	死亡	1～3	4	5	6	7	8
損失日数	7,500	7,500	5,500	4,000	3,000	2,200	1,500

等　級	9	10	11	12	13	14	—
損失日数	1,000	600	400	200	100	50	—

第4章●安全衛生管理

第**3**節　**物的安全化の基本**

学習のポイント

◆労働災害を防止するには、職場に存在する不安全な状態と不安全な行動を発掘し、それらの改善活動を計画的に推進することが求められる。ここでは機械・設備等の物的安全化の基本について理解する。

1　特定機械等の製造許可・検査など

（1）特定機械等の製造許可

ボイラー、第1種圧力容器等の特定機械等を製造しようとする者は、あらかじめ都道府県労働局長の許可を受けなければならない。

（2）製造時の検査等

特定機械等を製造し、もしくは輸入した者、使用廃止のものを再び設置し、もしくは使用する者は、都道府県労働局長の次の検査を受けなければならない。

① 製造時の検査（構造検査、溶接検査、製造検査）

② 一定期間設置されなかったものを設置するときの検査等（使用検査）

③ 使用廃止のものを再び設置し、もしくは使用する場合の検査（使用再開検査）

182

第3節 ● 物的安全化の基本

（3）落成検査等

① 特定機械等（移動式を除く）を設置した者等は、労働基準監督署長の次の検査を受けなければならない。
　ア　特定機械等の設置工事完成時の検査（落成検査）
　イ　所定構造部分の変更時の検査（変更検査）
　ウ　使用休止後の再使用時の検査（使用再開検査）
② 検査証の交付等
　ア　労働基準監督署長は落成検査に合格した特定機械等に検査証を交付する。
　イ　事業者は検査証を受けていない特定機械等は使用してはならない。
　ウ　特定機械等は検査証と一緒でなければ、譲渡や貸与をしてはならない。
　エ　検査証は機械種別ごとに有効期間が定められており、その更新は労働基準監督署長または性能検査代行機関が行う性能検査を受けなければならない。

---

2 安全装置等の具備

（1）譲渡等の制限等

　特定機械等以外の機械等で、次に掲げる機械等は、厚生労働大臣が定める規格または安全装置を具備しなければ、譲渡・貸与・設置・使用してはならない。
　① プレス機械の安全装置や防塵マスク等安衛法で定める機械等
　② 研削盤やフォークリフト等安衛令で定める機械等

（2）動力駆動の機械等の安全防御

　動力駆動の機械等の危険部分については、作動部分上の突起物は埋頭型や覆い等を設け、動力伝動部分等に覆いや囲いを設ける等の措置がさ

183

第4章●安全衛生管理

れていないものは、使用・譲渡・貸与等をしてはならない。

3 定期自主検査

（1）定期自主検査
　事業者は、ボイラー・圧力容器・プレス機械・フォークリフト・局所排気装置など安衛令第15条第1項の機械等ごとに定められた頻度（年次・月次等）により定期に自主検査を行い、その結果を記録し3年間保存しなければならない。

（2）特定自主検査
　事業者は、フォークリフト、作業床の高さ2m以上の高所作業車、動力駆動のプレス機械など安衛令第15条第2項で定める機械等については、年次の定期自主検査を特定自主検査（事業者が使用する労働者で有資格者または特定自主検査業者に実施させる検査）で行い、その結果を記録し3年間保存しなければならない。なお特定自主検査は、検査終了後機械の見やすい箇所に検査標章を貼り付けなければならない。

第4節 ● 人的安全化の基本

第4節 人的安全化の基本

学習のポイント

◆労働災害を防止するには、職場に存在する不安全な状態と不安全な行動を発掘し、それらの改善活動を計画的に推進することが求められる。ここでは安全衛生教育等の人的安全化の基本について理解する。

1 労働者の就業にあたっての措置

（1）雇い入れ時の教育

労働者を雇い入れたときは遅滞なく、次の事項のうち、その従事する業務に関する安全衛生のための必要事項について教育を行わなければならない。

ただし、①〜⑥の全部または一部に関し、職業訓練を受けた者等十分な知識・技能があれば、その部分を省略することができる。

なお本規定は、労働者の作業内容変更時（軽微な変更は除く）に準用する。

① 機械、原材料等の危険性や有害性および取り扱い方法
② 安全装置等や保護具の性能およびこれらの取り扱い方法
③ 作業手順および作業開始時の点検
④ 業務で発生するおそれのある疾病の原因と予防
⑤ 整理・整頓・清潔の保持および事故時等の応急措置や退避
⑥ その他、当該業務に関する安全衛生上の必要事項

185

第4章● 安全衛生管理

（2）危険または有害な業務の特別教育

安衛則で定める危険または有害な業務（最大荷重1トン未満のフォークリフトの運転業務や1トン未満のクレーンの玉掛業務等）に労働者を従事させるときは、安全衛生の特別教育を行い、受講者・科目等の教育記録を作成し3年間保存しなければならない。

（3）新任職長等の教育

製造業（ただし、たばこ製造業、繊維工業、繊維製品製造業、紙加工品製造業等を除く）、建設業等の業種に該当する事業者は、新任職長等作業中の労働者を直接指導・監督する者（作業主任者を除く）に、安衛則に定める教育項目と教育時間に基づく安全衛生教育を行わなければならない。

（4）就業制限

事業者は、安衛令第20条で定める業務については、都道府県労働局長の免許を受けた者または技能講習修了者等、安衛則第41条で定める有資格者でなければ、当該業務に就かせてはならない（→図表4-4-1）。また、当該業務に従事するときは、これに係る免許証等その資格を証する書面を携帯しなければならない。

図表4-4-1● 就業制限に係る業務（安衛令第20条）、就業制限に係る資格（安衛則第41条）——製造業に関連の深い業務を抜粋

①ボイラーの取り扱いの業務（小型ボイラー除く）：ボイラー技士免許所持者（特級・1級・2級）

②ボイラーまたは第一種圧力容器の溶接の業務
　・溶接部厚さ25mm以下のもの等：ボイラー溶接士免許所持者（特別・普通）
　・上記の溶接業務以外のもの：特別ボイラー溶接士免許所持者

③ボイラーまたは第一種圧力容器の整備の業務：ボイラー整備士免許所持者

④つり上げ荷重5トン以上のクレーンの運転の業務
　・床上運転で運転者が荷とともに移動する方式のクレーン：クレーン・デリ

ック運転士免許所持者および床上操作式クレーン運転技能講習修了者

・上記以外のクレーン：クレーン・デリック運転士免許所持者

⑤可燃性ガスおよび酸素を用いて行う金属の溶接等の業務：ガス溶接作業主任
者免許所持者およびガス溶接技能講習修了者ほか

⑥最大荷重１トン以上のフォークリフトの運転の業務：フォークリフト運転技
能講習修了者ほか

⑦作業床高さ10ｍ以上の高所作業車の運転の業務：高所作業車運転技能講習修
了者ほか

⑧つり上げ荷重１トン以上のクレーン等の玉掛の業務：玉掛技能講習修了者ほか

2 ５Ｓ活動の推進

整理・整頓・清掃等の活動は、すべての仕事の基本をなすものとして
多くの企業で導入され、３Ｓ活動や４Ｓ活動、あるいは５Ｓ活動等の名称
で推進されている。

３Ｓは、整理・整頓・清掃のローマ字表示の頭文字で３つの総称を表
し、３Ｓに清潔を加えて４Ｓとし、さらに躾（しつけ）を加えて５Ｓとし
て、それぞれ企業の特色を生かした活動が展開されている。

（１）言葉の意味の明確な理解が必要

５Ｓについての意味を理解し、共有化し、あるべき姿とのギャップを
考慮し、プライオリティーを付け、推進組織を明確にし、取り組むこと
が求められる。

○整理：必要なものと不必要なものを区分し、不必要なものを捨てる
こと

○整頓：必要なものを必要なときにすぐに使用できるように、決めら
れた場所に準備しておくこと

○清掃：必要なものについた異物を除去し、きれいな状態にすること

○清潔：整理・整頓・清掃が繰り返され、汚れのない状態を維持して
いること

○躾：決めたことを必ず守り習慣づけること

（以上、JIS Z 8141：2022-5603 注釈1より）

活動の進め方としては、まず整理に着手し、整理が進み職場に混在していた不用品が一掃された状態で、次に進めるのが整頓という流れが標準的で、効率的な進め方となる。整理・整頓に続いて清掃活動に入り、さらに清潔・躾へと活動を推進するパターンが多く導入されている。

（2）5Sの必要性についてのベクトル合わせ

改善のない企業に成長はないといわれているが、職場には一般的に、多くのムダが存在している。しかし、ムダがわからない人に、ムダが排除できるだろうか。

5S活動により不用品が一掃され必要なものが適切に置かれ、ゴミなし汚れなしのきれいな職場になっただけでなく、この活動を通じ職場に潜むムダを発掘する目を養う。すなわちムダに気づく人間育成、これが5S活動の到達目的ともいえる。活動開始に際し、5S活動の必要性について職場全体のベクトル合わせを実施することが重要となる。

第5節 ● 労働衛生管理

| 第 **5** 節 | # 労働衛生管理 |

学習のポイント

◆作業環境中の有機溶剤・粉じん等の有害物質や騒音、高温等の有害エネルギー等による健康障害を防止し、さらに快適な職場環境の形成等の労働衛生管理の基本について理解する。

1 労働衛生管理の基本

（1）作業環境管理

1）作業環境測定

　事業者は、粉じん・有機溶剤・特定化学物質取り扱い等の安衛令第21条に定める有害な業務を行う屋内作業場等について、作業環境測定基準に従い作業環境測定を行い、その結果を記録する。

2）作業環境測定の結果の評価等

　事業者は、作業環境測定結果の評価に基づいて、第1管理区分（作業環境管理が適切な状態）、第2管理区分（改善の余地がある状態）、第3管理区分（ただちに改善措置が必要な状態）の管理区分に応じ、厚生労働省令の定めにより設備等の設置または整備、健康診断の実施等適切な措置を講ずる。

　なお、作業環境測定結果の評価は、作業環境評価基準に従って行い、その結果を記録する。

3）作業環境改善

　作業環境中の有害因子としては、有害な物質（ガス・蒸気・粉じん）、酸素欠乏、騒音、振動、暑熱、放射線、有害光線等の多数の因子がある。

作業環境の改善は、作業環境の実態を把握し、適切な改善方法を検討し、対策を実施し、改善効果を確認するという順序で進められる。

（2）作業管理

1）作業の管理

　事業者は、労働者の健康に配慮して、労働者の従事する作業を適切に管理するよう努めなければならない（一連続作業時間と休憩時間の適正化、作業量の適正化、作業姿勢の改善等）。

2）保護具

　著しい暑熱または寒冷な場所での業務、有害光線にさらされる業務、ガス、蒸気または粉じんを発散する有害な場所での業務、皮膚に障害を与える物を取り扱う業務、強烈な騒音を発する場所での業務等の有害な業務では、保護衣、保護眼鏡、呼吸用保護具、保護手袋、耳栓等適切な保護具を同時に就業する労働者の人数と同数以上を備えなければならない。

（3）健康管理

1）健康診断

　事業者は、労働者に医師による下記の健康診断を行わなければならない。

　ア　雇い入れ時の健康診断（雇い入れ時）

　イ　定期健康診断（1年以内ごとに1回）

　ウ　海外派遣労働者の健康診断（6ヵ月以上の期間、派遣するときおよび帰国するとき）

　エ　給食従業員の検便（雇い入れ時、配置替え時、食品衛生法による定期検便1回／3ヵ月）

　オ　有害業務（高気圧・石綿・じん肺・電離放射線・特定化学物質・鉛・四アルキル鉛・有機溶剤・酸取り扱い）の特殊健康診断

2）健康診断の結果の記録

　事業者は、健康診断の結果に基づき健康診断個人表を作成し、5年間保存すること。

第5節 ● 労働衛生管理

3）健康診断実施後の措置

　事業者は、健康診断結果の医師等からの意見を勘案し、就業場所の変更、作業転換、労働時間の短縮等の措置を講ずるほか、作業環境測定の実施、設備の設置・整備等の適切な措置を講じなければならない。

2 職業性疾病の予防

（1）化学物質による健康障害防止対策

1）製造等の禁止

　労働者に重度の健康障害を生ずるベンジジン、石綿などの有害物質（安衛令に定めるもの）を、製造し、輸入し、譲渡し、提供し、または使用してはならない。ただし、定められた要件での試験研究のため製造や使用する場合に限り除外規定あり。

2）製造の許可

　労働者に重度の健康障害を生ずるおそれのあるジクロルベンジジンやPCBなどの特定化学物質第1類物質（安衛令に定めるもの）を製造しようとする者は、あらかじめ厚生労働大臣の許可を受けなければならない。

（2）危険有害性情報の伝達等

1）有害物の表示等

　爆発性や発火性のもの等労働者に危険を及ぼすおそれのあるもの、もしくは健康障害を生ずるおそれのあるもので安衛令に定めるもの、または安衛法に定める製造許可物質を、容器に入れ、または包装して、譲渡しまたは提供する者は、容器または包装に危険有害情報等定められた事項を表示しなければならない。ただし、主として一般消費者の生活の用に供するものはこの限りでない。

2）有害物等の譲渡や提供する場合の文書の交付等

　労働者に危険や健康障害を生ずるおそれのある安衛令で定める通知対象物質を譲渡し、または提供する者は文書（安全データシート＝Safety

191

Data Sheet：SDS）等により、通知対象物質の危険・有害性等定められた事項を譲渡等の相手方に通知しなければならない。

3）化学物質について事業者が行うべき調査等

　危険または健康障害を生ずるおそれのあるリスクアセスメント対象物を取り扱う全業種の事業場では、化学物質等の新規使用・変更時等に事業者はリスクアセスメントを行う義務がある。なお、あわせてリスクアセスメントの結果に基づき労働安全衛生法令の措置を講ずる義務があるほか、労働者に危険または健康障害を防止するために必要な措置を講ずる義務がある。

　また、リスクアセスメントの結果は、取り扱う労働者に周知しなければならない。

4）通知対象物質の有害性等の労働者への周知

　事業者は、上記通知対象物質の文書交付等により通知された事項を、その取り扱う各作業場の見やすい箇所に常時掲示し、または備え付ける等により労働者に周知させなければならない。

（3）化学物質の有害性調査

　事業者は安衛令で定める既存化学物質以外の新規化学物質を製造しまたは輸入する場合、あらかじめ安衛則の定めにより、所要基準に従って有害性の調査（がん原性試験等）を行い、新規化学物質の名称、有害性の調査結果等を厚生労働大臣に届け出なければならない。ただし、製造量（または輸入量）が少量等の所定条件に該当する場合の除外規定がある。

第4章 理解度チェック

次の設問に、○×で解答しなさい（解答・解説は後段参照）。

1　安全衛生管理活動は組織的に推進することが必要であるが、組織づくりには労働安全衛生法で定める各種管理者等の選任や会議体開催に関する定めを組織の実態に照らし合わせ適合化させることが必要である。

2　労働安全衛生法は、賃金、労働時間、休日などの一般労働条件が労働災害と密接な関係にあることにより、労働基準法と一体的に運用されることが明文化されている。

3　労働災害は不安全行動や誤操作によるものが少なくない状況であり、災害防止はまずルールの遵守を取り上げ、対策を検討すべきである。

4　危険有害業務の特別教育は、該当業務に従事させるときに実施する規定であり、特別教育を実施し記録を残し3年間保存している。

5　作業環境管理は、作業環境測定により有害物質の環境中の状況を把握する活動である。

第4章 理解度チェック

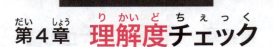

解答・解説

1 ○

2 ○

3 ×
不安全行動に起因する災害は確かに多いが、不安全行動を防止する対策は信頼性が低く、まず本質安全化や物的防護等の物的対策を優先し、対応できない残存リスクに対し人的対策で補完する。

4 ○

5 ×
作業環境管理は、作業環境測定により有害物質の環境中の状況を把握し、その結果を適切に評価し、さらにその結果から各種の設備改善等により有害物質を取り除き、良好な作業環境を確保する活動である。

参考文献

武下尚憲『ひと目でわかる図説安衛法〔改訂版〕』労働調査会、2012年

武下尚憲「安全活動活性化へのワンポイントアドバイス」『労働安全衛生公報』
労働調査会、2007年

中央労働災害防止協会編『ゼロ災運動推進者ハンドブック〔第3版〕』中央労働
災害防止協会、2016年

中央労働災害防止協会編『令和4年度　安全の指標』中央労働災害防止協会、
2022年

中央労働災害防止協会編『令和4年度　労働衛生のしおり』中央労働災害防止
協会、2022年

木村嘉勝著「改訂8版　図解よくわかる労働安全衛生法」労働調査会、2022年

労働調査会出版局「改訂5版　労働安全衛生法のポイント」労働調査会、2022年

環境管理

この章のねらい

　公害問題から始まった環境保全の重要性は、従来の大気・水質などの公害発生対策としての環境管理に加えて、近年は世界的な温室効果ガス抑制や有害化学物質の排出規制など地球環境に影響を及ぼすグローバルな視点での環境管理が要求される。

　第5章では、企業の生産活動に携わる者にとって必要な環境管理の考え方や基本的知識について理解することをねらいとし、第1節で環境基本法の成立とそれに至る歴史的経緯について学び、第2節で環境問題の原点である大気・水質など公害防止対策について、第3節で工場・事業場における実際的な環境管理の取り組みについて、第4節では持続可能な開発目標（SDGs）について学ぶ。

第5章●環境管理

第1節 環境問題の歴史的経緯と環境基本法

学習のポイント

◆公害問題の発生から始まった環境問題の歴史的経緯を知り、環境管理の意義を学ぶ。

◆環境問題の今日的な課題を学習し、環境基本法の目的・理念を理解する。

◆環境基本法と環境関連法規制の体系について学ぶ。

1 公害問題の始まり

　日本の環境問題は、環境汚染とその被害の発生、すなわち公害から始まった。公害の歴史は、日本の近代化以前にさかのぼるが、大規模な公害被害が発生するようになるのは、日本が近代化された明治時代の19世紀の末ごろからで、足尾銅山鉱毒事件、別子銅山煙害事件、日立鉱山煙害事件など大規模な鉱山公害事件や大坂アルカリ事件、浅野セメント降灰事件などが発生した。

　足尾銅山鉱毒事件は、日本で初めて大問題となった公害事件である。銅山から発生した亜硫酸ガスによる煙害を発生させた。また、有毒重金属を含む酸性廃水を垂れ流したことにより、渡良瀬川の漁業被害や流域の広大な農地と農作物に鉱毒被害が発生した。別子銅山煙害事件、日立鉱山煙害事件、大坂アルカリ事件では、発生した亜硫酸ガスで農作物が被害を受けた。浅野セメント降灰事件では、工場の煙突から飛散するセメント粉末によって、住民が被害を受けた。しかし、この時期には、公

198

第1節 ● 環境問題の歴史的経緯と環境基本法

害法も環境法も存在していなかった。

2 高度経済成長期の公害問題

戦後の重化学工業が急速に進んだ高度経済成長期（昭和30～40年代）には、大都市地域の工場集中化などによって、大気汚染、水質汚濁、騒音などの産業公害が社会問題になった。特に以下に示す**四大公害病**は、対策実施の遅れや規制法令の未整備のため、地域住民に深刻な健康被害が拡大した。

① 水俣病（工場排水中のメチル水銀化合物：熊本県水俣市）
② 新潟水俣病（工場排水中のメチル水銀化合物：新潟県阿賀野川流域）
③ イタイイタイ病（工場排水中のカドミウム：富山県神通川流域）
④ 四日市ぜんそく（工場廃ガス中の硫黄化合物：三重県四日市市）

3 公害対策の強化

日本各地に発生した公害問題に対して、1956（昭和31）年に水俣病が初めて公式確認された。国は1967（昭和42）年に「公害対策基本法」を制定し、大気汚染、水質汚濁、土壌汚染、騒音、振動、地盤沈下、悪臭を**典型7公害**として定義し、人の健康を保護し、生活環境を保全するうえで維持されることが望ましい基準として**環境基準**を導入した。次いで1970（昭和45）年に、「大気汚染防止法」「水質汚濁防止法」など14公害関連法令の抜本的な整備が行われた。

しかし、防止法の規制が濃度規制であったため、汚染物質の排出総量の抑制ができず、その欠陥を解決するため、**総量規制**（汚染物質を総量で抑制する方式）が大気汚染防止法、水質汚濁防止法にその後導入された。なお、1971（昭和46）年に公害対策から自然保護対策までを含めた環境行政を総合的に推進するため環境庁が設置され、2001（平成13）年

第5章●環境管理

発足の環境省につながっている。

4　環境基本法と関連法規制

　その後、法規制や技術的対策の効果で改善され、深刻な公害問題は少なくなってきているが、実際の環境問題は、自動車・道路公害、廃棄物問題、化学物質によるリスクの増大など深刻化しつつあった。一方、1980年代の後半ごろから、二酸化炭素による地球温暖化、フロンによるオゾン層の破壊、酸性雨や森林破壊の問題など、地球規模の環境問題が現れた。このような新たな環境問題に対して、従来の公害を規制する「公害対策基本法」では対応できなくなり、環境保全施策を総合的かつ計画的に推進することを目的とし、「環境基本法」が1993（平成5）年に制定された。環境基本法は、環境保全に関する基本理念と、施策の基本となる新たな枠組みを示す基本的な法律である。

（1）基本理念

　基本理念として、「環境の恵沢の享受と継承」「環境への負荷の少ない持続的発展が可能な社会の構築」「国際的協調による地球環境保全の積極的推進」を掲げている。

（2）環境の保全に関する基本的施策

1）環境基本計画の作成

　基本理念を実現するために政府が定める環境の保全に関する基本的な計画であり、地方自治体においても地域レベルの環境基本計画の策定が普及している。国による環境基本計画は第一次計画が1994（平成6）年に閣議決定され、以降5～6年ごとに策定を重ね、第五次計画が2018（平成30）年に閣議決定されている。

2）環境基準の設定

　大気汚染、水質汚濁、土壌汚染および騒音に係る環境上の条件につい

て、人の健康の保護および生活環境の保全のうえで維持されることが望ましいとされる基準である。

3）環境影響評価の推進

開発事業による環境への悪影響を予防するために、1997（平成9）年に計画段階からの環境アセスメントの実施を定めた「環境影響評価法」が成立した。

4）環境の保全上の支障を防止するための規制

典型7公害の防止、土地利用の規制、自然環境の保全、野生生物等の保護、自然物の保護などのために規制の措置を講じること。

5）地球環境保全に関する国際協力

地球保全に関して国際協力推進のために必要な措置を講じること。

（3）環境関連法規制

環境基本法の制定に伴い、典型7公害、廃棄物・リサイクル、化学物質、エネルギーなどの法律が体系的に整備された。なお、公害対策基本法の公害対策にかかわる部分は、ほとんどそのまま環境基本法に引き継がれている。

図表5-1-1に環境基本法およびその関連法規制の体系と構成を示し、典型7公害に関する法律、廃棄物・リサイクルに関する法律、化学物質に関する法律、エネルギーに関する法律など企業活動と関連のあるものを記載した。

図表5-1-1 ●環境基本法と関連法規制（第5章に関連あるもの）

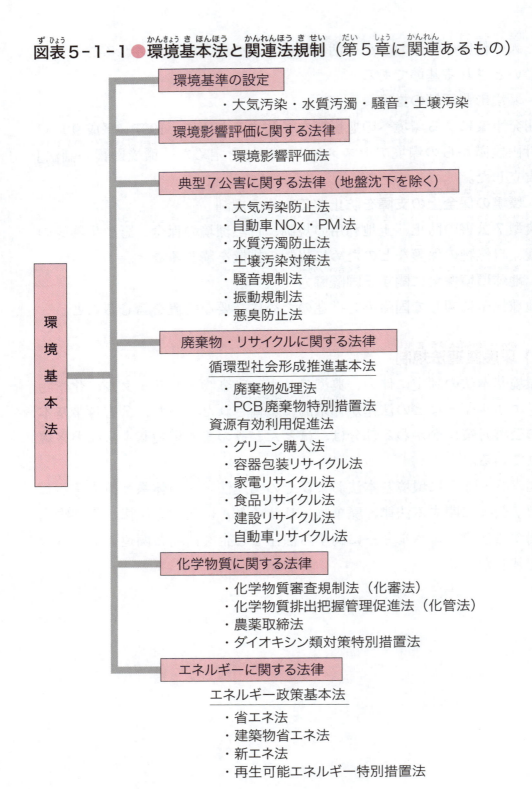

第2節 ● 公害防止対策

第2節 公害防止対策

学習のポイント

◆大気汚染、水質汚濁、土壌汚染、騒音や振動、悪臭などの公害防止関連法について学び、規制対象施設と汚染物質およびその防止技術について理解する。

◆法に基づく規制対象施設を保有する工場・事業場が対応すべき事項について学ぶ。

1 大気汚染とその対策

（1）規制対象施設と汚染物質

　大気汚染防止法では、図表5-2-1のように規制対象施設と大気汚染物質を定めている。

　かつて深刻な社会問題となった硫黄酸化物（SOx）、ばいじんなどの産業公害型の大気汚染は、法規制や技術的対策の効果で改善されている。一方、大都市などでは交通量の増大により、主に自動車から排出される窒素酸化物（NOx）や浮遊粒子状物質（SPM）による大気汚染や、炭化水素類が原因となって発生する光化学スモッグも、都市生活型の大気汚染として問題になっており、揮発性有機化合物（VOC）が2006（平成18）年、大気汚染防止法の規制対象物質となった。

（2）大気汚染の防止技術と対策

　① 硫黄酸化物（SOx）については、工場のボイラーなどの固定発生源に対して重油の低硫黄化や排煙脱硫装置の設置などの対策がとら

203

第5章 ● 環境管理

図表5-2-1 ● 大気汚染防止法の規制対象施設と大気汚染物質

規制対象施設		大気汚染物質	
ばい煙発生施設	ボイラー、電気炉、反応炉、乾燥炉、廃棄物焼却炉、ガスタービンなど	ばい煙	硫黄酸化物（SOx）、ばいじん（すすなど）、窒素酸化物（NOx）、有害物質（カドミウムおよびその化合物、フッ素、フッ化水素およびフッ化ケイ素、鉛およびその化合物）
一般粉じん発生施設	コークス炉、粉砕機、研磨機など	一般粉じん	セメント粉、石炭粉、鉄粉など
特定粉じん発生施設	混合炉、切断機など	特定粉じん	アスベスト
有害大気汚染物質発生施設	トリクロロエチレン洗浄機など	指定物質	ベンゼン、トリクロロエチレンなど　5物質

れている。

② 窒素酸化物（NOx）については、工場のボイラーなどに低NOx燃焼技術や排煙脱硝装置の設置が進められ、改善されている。

③ ばいじん対策として、ボイラーなどの燃焼装置では電気集じん装置や、ろ過集じん装置が採用されている。

④ 揮発性有機化合物（VOC）は、塗装を行う工場や工事現場、印刷所、接着剤や洗浄剤を使用する工場など、VOCの排出量の多い施設が規制対象となった。

⑤ 自動車排ガスに対しても大気汚染防止法により排ガス量の許容限度が定められ、また、大都市地域の大気汚染改善のため、「自動車NOx・PM法」（自動車から排出される窒素酸化物及び粒子状物質の特定地域における総量の規制等に関する特別措置法）により所有・使用できる自動車を制限している。

（3）工場・事業場の対応

大気汚染防止法で定められている、ばい煙発生施設、一般粉じん発生施設、特定粉じん発生施設などを設置する場合、工場・事業場は以下の

第2節 ●公害防止対策

事項が義務づけられている。

① 都道府県知事へ施設の設置の届出（設置時・変更時・廃止時・継承時など）

② 排出基準の遵守（硫黄酸化物、ばいじん、有害物質）

③ 測定および記録（ばい煙量・ばい煙濃度など、3年間保存）

④ 事故時の措置（応急処置と速やかな復旧、知事へ届出）

⑤ 計画変更や改善命令の遵守（排出基準に適合しない場合など）

2 水質汚濁とその対策

（1）規制対象施設と汚濁物質

水質汚濁防止法では、人の健康被害を起こすおそれのあるカドミウム等の有害物質や、CODなど生活環境に被害を生ずるおそれのあるものを含む廃液等を排出する施設を、特定施設として政令で定めている。公共用水域に排出する排水については、次の有害物質項目および生活環境項目についてそれぞれ排出基準が設定されている。

① 有害物質項目——カドミウムおよびその化合物、シアン化合物、有機リン化合物、鉛およびその化合物、六価クロム化合物、ヒ素およびその化合物など

② 生活環境項目——BOD **Key Word** （生物化学的酸素要求量）、COD **Key Word** （化学的酸素要求量）、窒素、リンなど

Key Word

BOD（Biochemical Oxygen Demand）——河川などにおいて水中の水質汚染度を調査する際に用いられる指標。この数値が高いほど汚濁が進んでいることを示す。

COD（Chemical Oxygen Demand）——水中の有機物質が過マンガン酸カリウムによって化学的に分解される際に消費される酸素量を指す。この数値が高いほど汚濁物質の量が多いことを示す。

205

第5章●環境管理

（2）水質汚濁の防止技術と対策

　排水中の汚濁物質を取り除くための排水処理方法として、次の2つの方法がある。

① 物理化学的方法——沈殿、沈降、ろ過など汚濁物質の形状・重さ・大きさなどの物理的性質を利用した方法と、凝集・中和・イオン交換など化学的性質を利用した方法がある。

② 生物化学的方法——代表的な方法が活性汚泥法で、家庭排水、食料品工場、パルプ工場、し尿処理施設からの排水のように、有機性の汚濁物質を多く含む排水処理方法として広く採用されている。

（3）工場・事業場の対応

　水質汚濁防止法で定められている、汚水や廃水等を排出する特定施設を設置する場合、工場・事業場は以下の事項が義務づけられている。

① 都道府県知事へ施設の設置の届出（設置時・変更時）
② 排水基準の遵守（有害物質、生活環境項目）
③ 測定および記録（排水中の汚濁濃度・汚濁負荷量など、3年間保存）
④ 事故時の措置（応急処置と速やかな復旧、知事へ届出）
⑤ 計画変更や改善命令の遵守（排水基準に適合しない場合など）

3　土壌汚染とその対策

（1）土壌汚染の特徴

　土壌汚染の特徴は、水や大気と比べて移動性が低く土壌中の化学物質も拡散・希釈されにくいことから、いったん汚染されると長期にわたり汚染状態が継続し、放置すれば人の健康に影響を及ぼし続ける汚染である。

（2）土壌汚染の防止対策

　土壌汚染に対して、以下の法規制により土壌への有害物質の排出を規制している。

第2節 ● 公害防止対策

① 「水質汚濁防止法」に基づく工場・事業場からの排水規制や有害物質を含む水の地下浸透禁止

② 「大気汚染防止法」に基づく工場・事業場からのばい煙の排出規制

③ 「廃棄物処理法」による有害廃棄物の埋め立て方法の規制

④ 「農薬取締法」に基づく農薬の土壌残留に係る規制

　また、土壌汚染による人の健康被害の防止対策が必要なことから「土壌汚染対策法」が制定され、有害物質使用特定施設が廃止された土地などの土壌汚染調査が義務づけられている。ダイオキシン類による土壌汚染については、「ダイオキシン類対策特別措置法」により土壌汚染対策が実施されている。

4　騒音・振動とその対策

（1）騒音発生源と伝搬防止対策

　工場・事業場における事業活動や建設工事に伴って発生する相当範囲にわたる騒音について必要な規制を行うとともに、自動車騒音に関する許容限度を定めた「**騒音規制法**」が1968（昭和43）年に制定された。

　騒音の発生源対策には、騒音源を建物内に設置する、騒音源に吸音材を巻きつけるなど、また伝搬防止対策には、騒音を発生する機械を工場などの敷地境界線からなるべく離して設置する、工場などの周りに遮音壁や防音壁を設置する方法がとられる。

（2）振動発生源と伝搬防止対策

　工場・事業場における事業活動や建設工事に伴って発生する相当範囲にわたる振動について必要な規制を行うとともに、道路交通振動に関する措置を定めた「**振動規制法**」が1976（昭和51）年に制定された。

　振動の発生源対策には、振動を発生させる機械と基礎との間に防振ゴム、金属ばねを挿入し防振する方法などがあり、伝搬防止対策には、騒音対策と同じく、振動を発生する機械の設置を工場などの敷地境界線か

らなるべく離して設置する方法がある。

（3）工場・事業場の対応

騒音規制法、振動規制法に定められている、騒音や振動を発生する特定施設や特定建設作業を行う場合、工場・事業場は以下の事項が義務づけられている。

① 市町村長へ施設の設置の届出
② 規制基準の遵守（指定地域の許容限度を遵守）
③ 騒音・振動の測定（敷地境界線の騒音や振動を測定）
④ 計画変更や改善命令の遵守（規制基準に適合しない場合など）

5 悪臭とその対策

（1）悪臭発生源と悪臭防止対策

典型的な感覚公害である悪臭を防止することを目的として、「悪臭防止法」が1971（昭和46）年に制定された。都道府県知事が市区町村長の意見を聞いて規制地域を指定し、指定後は規制実務を市区町村長が行う。

（2）工場・事業場の対応

指定地域内のすべての工場・事業場が対象となる。対象となった場合、工場・事業場は以下の事項が義務づけられている。

① 規制基準の遵守（敷地境界線での特定悪臭物質の濃度または臭気指数の許容限度）
② 臭気の測定（敷地境界線の地表）
③ 事故時の措置（応急処置と速やかな復旧、市町村長へ通報）
④ 改善勧告・改善命令の遵守（規制基準に適合しない場合など）

第3節●工場・事業場における環境保全の取り組み

第3節 工場・事業場における環境保全の取り組み

学習のポイント

◆工場・事業場における環境管理の目標や維持・改善の方法について考える。

◆環境改善のための自主的な取り組みとして多くの企業等で導入されている、環境マネジメントシステム（ISO14001）について学ぶ。

1 環境保全の維持と改善

（1）環境管理の目標

工場・事業場はそれぞれの実情に応じて、環境を維持し、改善するための管理目標・改善指標を掲げ、その対策に取り組まなければならない。

たとえば、
① 排出規制の遵守
・大気、水質、土壌汚染、騒音、振動、悪臭などの排出基準の遵守・負荷低減化
② 環境汚染の削減
・廃棄物埋め立て処分量削減目標
・揮発性有機化合物（VOC）の排出量削減
・化学物資（PRTR Key Word 物質）排出量削減目標
・温暖化ガス排出量削減（省エネ）目標　など

209

第5章●環境管理

（2）環境汚染レベル改善の手順

環境汚染レベルを改善しようとする場合、次の手順がとられる。

① 実態の把握

　生産の流れをいくつかのユニットに分け、そのユニットについて環境影響を詳しく調べる。物質収支やエネルギー収支をとりながら、同時に環境影響も調べていくやり方が実際的である。

② 課題および目標の設定

　調べた環境影響をとりまとめ、項目ごとに評価し、重要度を付け、重要な課題から手を打っていく。取り上げた課題の到達すべき目標は、可能な限り定量的なものとする。

③ 対策の実施

　②で得られた重要な課題について、原因を究明し、その原因を取り除くための対策案を作成する。対策案は、実行レベルまで具体的に展開されていなければならない。

④ 進捗状況と成果のチェック

　対策案を適切に実施しているか、実施した結果が目標に向けて計画どおりに進んでいるかどうかチェックする。計画どおりに進んでいない場合は、追加の対策を打つなどの処置をとる。

⑤ 歯止めと見直し

　得られた成果が持続するよう作業の標準化などで歯止めをするとともに、成果を継続的に見直す。

Key Word

PRTR（Pollutant Release and Transfer Register）──化学物質排出移動量届出制度。1996（平成8）年に経済協力開発機構（OECD）が勧告し、日本では2001（平成13）年に法制化された。企業は、指定された化学物質の排出量および廃棄する際の移動量を記録して行政機関に報告する。行政機関は、集計結果を報告する。

第3節 ● 工場・事業場における環境保全の取り組み

（3）緊急事態への対応

地震や火災、事故・トラブル等が原因で、たとえば有害物質が漏えいするといった緊急事態が発生した場合の対応について、以下のような行動手順を決めておくことが大切である。

① 応急処置の実施
② 必要箇所への連絡（社内・社外）・応援動員
③ 近隣への広報・避難誘導
④ 事故鎮圧・復旧のための措置
⑤ 原因究明・再発防止対策の実施

これらの行動には次の事前の準備が必要である。

① 緊急事態の想定（地震、火災、故障、誤操作など）
② マップ作成（設備配置図や危険物の配置図を準備し、消防や警察と共有）
③ 資料の整備（化学物質や危険物の物質安全性データなど）
④ 緊急訓練の実施

2 環境改善のしくみと環境マネジメントシステム

（1）環境マネジメントシステムとは

環境を継続的に改善するためのしくみを定めたものに、ISO14001規格（環境マネジメントシステム）がある。環境マネジメントシステムが誕生した背景には、さまざまな環境問題に規制だけで対応することは難しいため、企業、行政などの組織が自主的に環境改善を行うことが大切であるという認識が世界的に高まったことがある。

（2）ISO14001の内容

ISO14001規格は、システムの継続的改善を通じて、環境パフォーマンス（環境改善面での業績）の改善を図ることを基本的な考え方としており、計画（Plan）、支援及び運用（Do）、パフォーマンス評価（Check）、

211

第5章 ● 環境管理

改善（Act）から構成されるPDCAサイクルの形で、図表5-3-1に示すような規格要求事項で構成されている。

図表5-3-1 ● ISO14001：2015 環境マネジメントシステムの要求事項

```
1    適用範囲
2    引用規格
3    用語及び定義
   3.1 組織及びリーダーシップに関する用語
   3.2 計画に関する用語
   3.3 支援及び運用に関する用語
   3.4 パフォーマンス評価及び改善に関する用語
4    組織の状況
   4.1 組織及びその状況の理解
   4.2 利害関係者のニーズ及び期待の理解
   4.3 環境マネジメントシステムの適用範囲の決定
   4.4 環境マネジメントシステム
5    リーダーシップ
   5.1 リーダーシップ及びコミットメント
   5.2 環境方針
   5.3 組織の役割、責任及び権限
6    計画
   6.1 リスク及び機会への取組み
   6.2 環境目標及びそれを達成するための計画策定
7    支援
   7.1 資源
   7.2 力量
   7.3 認識
   7.4 コミュニケーション
   7.5 文書化した情報
8    運用
   8.1 運用の計画及び管理
   8.2 緊急事態への準備及び対応
9    パフォーマンス評価
   9.1 監視、測定、分析及び評価
   9.2 内部監査
   9.3 マネジメントレビュー
10   改善
   10.1 一般
   10.2 不適合及び是正処置
   10.3 継続的改善
```

212

第3節●工場・事業場における環境保全の取り組み

（3）ISO14001の特徴

1）基本的なしくみ

ISO14001の基本的なしくみは、PDCAサイクルを回してシステマチックな環境活動を展開するとともに、マネジメントシステムを継続的に改善することによって環境パフォーマンスの改善・向上を図ることである。

2）環境側面の自主管理

環境汚染物質の排出を管理するだけでなく、汚染の予防の観点から製品や生産プロセスに踏み込んだ改善や見直しを重視し、このため環境に影響を及ぼす事業活動を分析・評価して重要な環境側面を取り上げ、改善するための目的・目標を自主的に定め、その達成を目指す。

3）責任権限の明確化

環境方針の提示などトップマネジメントの役割を明示するとともに、マネジメントシステムを維持・改善し、目的・目標を達成するため、経営層も含めた各階層、各部門における責任権限を明確にすることを要求している。

4）内部環境監査の実施

環境マネジメントシステムの中に内部監査を組み込み、監査の結果を経営者によるマネジメントシステムの見直し・改善に反映させ、環境パフォーマンスを向上させていく。内部環境監査がPDCAによるマネジメントシステム運用の基軸となっている。

5）広範囲な組織への適用

ISO14001は、独立の機能と管理体制をもつあらゆる種類・規模の組織に導入することが可能で、一般の企業から自治体、学校まで広がっている。

6）第三者審査機関による認証登録

この規格は、通常は第三者（審査登録機関）による規格適合性の審査認証を受け、社会に公表するという制度のもとで利用されている。企業にとって社会的信頼性が高まるなどの利点がある。

213

第5章●環境管理

第4節 持続可能な開発目標

学習のポイント

◆持続可能な開発目標（SDGs）が策定された経緯とその概要を学ぶ。
◆SDGsの17のゴールについて学ぶ。

1 世界的な環境問題への取り組み

　1970年代前半から、環境問題が世界規模・地球規模で本格的に議論されるようになってきた。

　1972年にストックホルムで開催された国連人間環境会議で「人間環境宣言」が採択された。人間環境宣言とは、環境保全に関する諸原則について示した宣言であり、前文7項目および原則26項目で構成されている。その前文において「人間環境の保全と向上に関し、世界の人々を励まし、導くための共通の見解と原則」と位置づけられている。また、同時に国連環境会議の設立が決定され、環境問題に対する国際協調に向けた取り組みが開始された。

　持続可能な開発という概念は、環境と開発に関する世界委員会が1987年に公表した報告書「Our Common Future（われら共有の未来）」の中心的な考え方として取り上げられ、「将来の世代のニーズを満たしつつ、現在の世代のニーズも満足させるような開発」のことをいうとされている。この概念は、環境と開発を互いに反するものではなく共存しうるものとしてとらえ、環境保全を考慮した節度ある開発が重要であるという考えに立つものである。

第4節●持続可能な開発目標

　1980年代後半には、オゾン層の破壊、地球温暖化、熱帯林の破壊や生物の多様性の喪失など地球環境問題がきわめて深刻化し、世界的規模での早急な対策の必要性が指摘された。その結果、1992年にリオデジャネイロで国連環境開発会議（UNCED＝地球サミット）が開催され、「環境と開発に関するリオ宣言」（リオ宣言）が採択された。また、21世紀に向け持続可能な開発を実現するために、各国および関係国際機関が実行すべき行動計画である「アジェンダ21」が採択された。同会議には、182ヵ国およびEC、その他多数の国際機関、NGO代表などが参加した。

　リオ宣言は、27の原則で構成され、先進国と発展途上国の双方が、持続可能な開発と地球環境の保全に関して「共通だが差異ある責任」を有することが明示されている。

　アジェンダ21は、①社会的・経済的側面、②開発資源の保護と管理、③主たるグループの役割の強化、④実施手段、の4つのセクションから構成されており、行動計画を実現するための人的・物的・財政的な資源のあり方についても指針が提示されている。ただし、条約のような拘束力は与えられていない。

　地球サミットから10年後の2002年には、ヨハネスブルグで持続可能な開発に関する世界首脳会議（リオ＋10）が開催され、その10年後の2012年には、リオデジャネイロで国連持続可能な開発会議（リオ＋20）が開催された。それらの会議では、各国の首脳が参加してリオ宣言やアジェンダ21の取り組み状況や今後のあり方について議論が行われた。

2　持続可能な開発目標（SDGs）とは

　2015年9月に開催された国連サミットにおいて、「持続可能な開発のための2030アジェンダ」（通称2030アジェンダ）が採択された。この中心にあるのが、17のゴール、および169のターゲットからなる「持続可能な開発目標」（Sustainable Development Goals：通称SDGs）である。SDGsは、人類および地球の持続可能な開発のために達成すべき課題と

215

第5章●環境管理

その具体的な目標である。すなわち策定時から2030年までに実行、達成すべき事項を整理している。

SDGsの対象として、持続可能な社会の重要な要素である5つのP（People（人間）、Planet（地球）、Prosperity（繁栄）、Peace（平和）、Partnership（パートナーシップ））が掲げられている。SDGsの目標の達成のためには一部の関係者だけではなく、先進国も含めた、すべての国とすべての関係者が協調的なパートナーシップのもとでこの行動計画を実行に移していく必要がある。

2000年に採択され、貧困の撲滅など国際社会の2015年までの共通目標であった「ミレニアム開発目標」（Millennium Development Goals：通称MDGs）の経験と反省がSDGsに生かされている。SDGsには法的拘束力はないが、各国にはSDGsの取り組みのフォローアップを行うことが期待されており、その達成度は国連で策定した232の指標により測られることとなっている。

3 SDGsの17のゴール

図表5-4-1に示すように、SDGsではゴール1「貧困をなくそう」からゴール17「パートナーシップで目標を達成しよう」まで、17のゴールを掲げており、「だれ一人取り残さない」という包摂的な世の中をつくっていくことが重要であると強調されている。

17のゴールの意味合いは次のとおりである。

・ゴール1「貧困をなくそう」──あらゆる場所で、あらゆる形態の貧困に終止符を打つ

・ゴール2「飢餓をゼロに」──飢餓に終止符を打ち、食料の安定確保と栄養状態の改善を達成するとともに、持続可能な農業を推進する

・ゴール3「すべての人に健康と福祉を」──あらゆる年齢のすべての人々の健康的な生活を確保し、福祉を推進する

・ゴール4「質の高い教育をみんなに」──すべての人々に包摂的か

216

第4節 ● 持続可能な開発目標

図表5-4-1 ● SDGsの17のゴール

出所：国際連合広報センターのホームページより

つ公平で質の高い教育を提供し、生涯学習の機会を促進する
・ゴール5「ジェンダー平等を実現しよう」――ジェンダーの平等を達成し、すべての女性と女児のエンパワーメントを図る
・ゴール6「安全な水とトイレを世界中に」――すべての人々に水と衛生へのアクセスと持続可能な管理を確保する
・ゴール7「エネルギーをみんなにそしてクリーンに」――すべての人々に手ごろで信頼でき、持続可能かつ近代的なエネルギーへのアクセスを確保する
・ゴール8「働きがいも経済成長も」――すべての人々のための持続的・包摂的かつ持続可能な経済成長、生産的な完全雇用およびディーセント・ワークを推進する
・ゴール9「産業と技術革新の基盤をつくろう」――レジリエントなインフラを整備し、包摂的で持続可能な産業化を推進するとともに、イノベーションの拡大を図る

第5章●環境管理

・ゴール10「人や国の不平等をなくそう」——国内および国家間の不平等を是正する
・ゴール11「住み続けられるまちづくりを」——都市と人間の居住地を包摂的、安全、レジリエントかつ持続可能にする
・ゴール12「つくる責任つかう責任」——持続可能な消費と生産のパターンを確保する
・ゴール13「気候変動に具体的な対策を」——気候変動とその影響に立ち向かうため、緊急対策をとる
・ゴール14「海の豊かさを守ろう」——海洋と海洋資源を持続可能な開発に向けて保全し、持続可能な形で利用する
・ゴール15「陸の豊かさも守ろう」——陸上生態系の保護、回復および持続可能な利用の推進、森林の持続可能な管理、砂漠化への対処、土地劣化の阻止および逆転、ならびに生物多様性損失の阻止を図る
・ゴール16「平和と公正をすべての人に」——持続可能な開発に向けて平和で包摂的な社会を推進し、すべての人々に司法へのアクセスを提供するとともに、あらゆるレベルにおいて効果的で責任ある包摂的な制度を構築する
・ゴール17「パートナーシップで目標を達成しよう」——持続可能な開発に向けて実施手段を強化し、グローバル・パートナーシップを活性化する

　SDGsの各ゴールは、それぞれ単発的に取り組むのではなく、すべてのゴールに対して総合的に取り組むことが求められている。

218

第5章 理解度チェック

次の設問に、○×で解答しなさい（解答・解説は後段参照）。

1　典型7公害とは、大気汚染、水質汚濁、土壌汚染、騒音、振動、悪臭および廃棄物である。

2　環境基本法は、高度成長時代に発生した深刻な公害問題に対処するため、環境保全に関する基本理念と、施策の基本となる枠組みを定めた法律である。

3　下水処理を目的として開発され、有機性工場排水処理にも適用されるようになった活性汚泥法は、汚水処理槽に活性汚泥を添加し、酸素の供給を行うことにより、有機汚濁物質をCO_2、水および微生物体として分離除去する。

4　ボイラーなどのばい煙発生施設を有する工場・事業場は、①都道府県知事への施設設置の届出、②ばいじん等の排出基準の遵守、③測定および記録の保存、④設備稼働状況の報告、⑤計画変更や改善命令の遵守、などが義務づけられている。

5　工場・事業場において、環境汚染レベルを改善する場合、①課題および目標の設定、②実態の把握、③対策検討および実施、④歯止めと見直し、⑤進捗状況と成果のチェック、の手順を踏むことが必要である。

6　ISO14001の基本的なしくみは、計画（Plan）、支援及び運用（Do）、パフォーマンス評価（Check）、改善（Act）から構成され、PDCAサイクルに沿った形になっている。

7　SDGsは、17のゴールと133のターゲットが設定されている。

第5章●環境管理

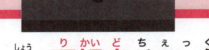

第5章 理解度チェック

解答・解説

1 | ×
典型7公害としては、廃棄物でなく地盤沈下が該当する。

2 | ×
典型7公害といわれる産業公害に対応するため公害対策基本法が1967（昭和42）年に制定されたが、その後、都市生活型の環境問題や廃棄物の問題、さらには地球問題が顕在化して、従来の公害規制法では対応ができなくなり、1993（平成5）年に環境基本法が制定された。

3 | ○

4 | ×
④設備稼働状況の報告でなく、事故時の措置と届出。

5 | ×
正しい手順は、①実態の把握、②課題および目標の設定、③対策検討および実施、④進捗状況と成果のチェック、⑤歯止めと見直し。

6 | ○

7 | ×
SDGsは、17のゴールと169のターゲットが設定されている。

参考文献

環境省ホームページ「法令・告示・通達」

国際連合広報センターホームページ『2030アジェンダ』

丹下博文編『地球環境辞典〔第3版〕』中央経済社、2013年

東京商工会議所『eco検定公式テキスト』日本能率協会マネジメントセンター

見目善弘『環境関連法体系実務ガイド』NECクリエイティブ、2001年

索引

[あ]

悪臭防止法 ……………………… 208
アジェンダ21 …………………… 215

[い]

一括方式 ………………………… 125

[う]

受入検査 …………………………… 36
売上原価 …………………………… 73
売上総利益 ………………………… 73

[え]

営業外収益 ………………………… 74
営業外費用 ………………………… 74
営業担当者 ……………………… 122
営業利益 …………………………… 74

[か]

概算見積もり …………………… 125
価格差異 ………………………… 104
加工費 ……………………………… 93
加工費工程別総合原価計算 ……… 95
過失責任 …………………………… 53
型を使う …………………………… 77
価値 ………………………………… 75
カムアップシステム …………… 161
環境基準 ………………… 199、200
環境基本計画 …………………… 200
環境基本法 ……………………… 200
ガントチャート ………………… 160
官能特性 …………………………… 6
管理 ………………………………… 2
管理のサイクルを回す …………… 2
管理盤 …………………………… 164

[き]

機会原価 …………………………… 90
期間原価 …………………………… 90
機能評価 ………………………… 112
基本設計 ………………………… 118
基本設計段階のコストテーブル … 126
強度率 …………………………… 180
許容原価（C）………… 72、89、121

[く]

苦情 ………………………………… 50
組立・分解性評価 ……………… 112
組立メーカー …………………… 127
組別総合原価計算 ………………… 95
グラフ ……………………………… 24
クレーム …………………………… 50

[け]

経常利益 …………………………… 74
計数値 ……………………………… 12
経費 ………………………………… 83
計量値 ……………………………… 12
原価維持 …………………………… 69
限界利益 …………………………… 84
原価改善 ………………… 70、73
原価管理 …………………………… 68
原価企画 ………………… 70、73
原価計算 …………………………… 68
原価計算基準 ……………………… 81
原価計算担当者 ………………… 122
減価償却費 ………………………… 83
原価低減 ………………… 69、130
原価統制 …………………………… 69
原価の3要素 ……………………… 82
原価標準 ………………………… 102
原価見積もり …………… 88、124
原価元帳 …………………………… 92

検査 ……………………………… 35
検査情報 ………………………… 40
現品管理 ………………………… 154
現有品比較用コストテーブル ……… 127

[こ]

工程検査 ………………………… 36
工程別総合原価計算 …………… 94
コストテーブル ………………… 126
コック倉庫方式 ………………… 151
固定費 …………………………… 84
個別原価計算 …………………… 92
コンカレントエンジニアリング

…………………………… 79、113、116
コントロール …………………… 71

[さ]

在庫管理 ………………………… 154
最終検査 ………………………… 37
最頻値（モード）Mo …………… 21
細分割付 ………………………… 123
差異分析 …………………… 102、104
材料費 …………………………… 82
魚の骨 …………………………… 33
作業時間差異 …………………… 105
散布図 …………………………… 28
サンプリング …………………… 13
サンプル ………………………… 11

[し]

指示管理 ………………………… 153
自主検査 ………………………… 40
実際原価 …………………… 89、90
自動車NOx・PM法 …………… 204
社会的責任（Corporate Social Responsi-
bility：CSR） ………………… 4
社会的品質 ……………………… 5
受注生産 ………………………… 146

準変動費 ………………………… 86
詳細設計 ………………………… 118
詳細設計段階のコストテーブル …… 126
詳細見積もり …………………… 126
消費者危険 ……………………… 39
商品企画段階のコストテーブル …… 126
初期流動管理 …………………… 119
試料 ……………………………… 11
進捗管理 ………………………… 153
振動規制法 ……………………… 207
真の特性 ………………………… 5

[す]

水質汚濁防止法 ………………… 205
数量差異 ………………………… 104

[せ]

正規分布 ………………………… 12
生産管理技術者 ………………… 71、122
生産システム設計技術者 ……… 71、122
生産者危険 ……………………… 39
生産準備段階 …………………… 119
生産の4M ……………………… 33
製造間接費 ……………………… 83
製造原価 …………………… 68、81
製造三角図 ……………………… 162
製造直接費 ……………………… 83
製造品質 ………………………… 4
製造物責任（Product Liability：PL）

…………………………………… 53
製造物責任法（Product Liability＝PL法）

……………………………… 4、54
製品原価 ………………………… 90
製品設計技術者 ………………… 71、122
セカンドルックVE …………… 115、119
設計FMEA ……………………… 54
設計図 …………………………… 75
設計的アプローチ ……………… 44

223

索引

設計品質 ……………………………… 4
ゼロルック VE ………… 115、118、119
全社的品質管理（Company-wide Quality Control：CWQC）………………… 3
全数検査 ……………………………… 37
全部原価 ……………………………… 90

［そ］

騒音規制法 ………………………… 207
操業度 ………………………………… 84
総合原価計算 ………………… 93、94
総合的品質管理（Total Quality Control：TQC）………………………… 3
総合的品質管理（Total Quality Management：TQM）………………… 57
総製造費用 ………………………… 93
層別 …………………………………… 31
総量規制 …………………………… 199
組織や表面を変える ……………… 78
損益計算書 ………………………… 73
損益分岐点図表 …………………… 85

［た］

大気汚染防止法 …………………… 203
代用特性 ……………………………… 6
だれ一人取り残さない …………… 216
単純総合原価計算 ………………… 94

［ち］

チェックシート …………………… 14
地球サミット ……………………… 215
中央値（メディアン）Me ………… 21
中小企業庁方式 …………………… 133
賃率差異 …………………………… 105

［つ］

通知対象物質 ……………………… 191
積上げ法 …………………………… 122

積上げ方式 ………………………… 125

［て］

ティアダウン ………………… 120、126
デザインレビュー ………………… 49
デミング（W. E. Deming）………… 3
典型 7 公害 ………………………… 199

［と］

当期純利益 ………………………… 74
等級別原価計算 …………………… 95
統計的品質管理 …………………… 3
統合法 ……………………………… 124
特性要因図 ………………………… 33
度数率 ……………………………… 180
トレーサビリティ ………………… 51

［な］

成行原価 …………………… 88、89

［に］

日銀方式 …………………………… 133

［ぬ］

抜取検査 …………………………… 37

［ね］

年千人率 …………………………… 180

［の］

納期 ………………………………… 140
納入リードタイム ………………… 149

［は］

配賦 ………………………………… 83
破壊検査 …………………………… 36
発注管理 …………………………… 153
発注・指示管理 …………………… 154

224

バラツキ …………………………………… 10
パラメータ ………………………………… 149
パレート図 ………………………………… 25
範囲（レンジ）R ………………………… 21
販売費及び一般管理費 …………… 74、81

[ひ]

ヒストグラム（度数分布図）………… 15
非破壊検査 ………………………………… 36
標準化 ……………………………… 8、78
標準原価 ……………………… 89、90、103
標準原価計算 …………………………… 102
標準偏差 …………………………………… 23
標準偏差σ ………………………………… 20
標本 ………………………………………… 11
標本標準偏差 ……………………………… 23
標本分散 …………………………………… 22
品質 ………………………………………… 2
品質管理 …………………………………… 2
品質管理活動 …………………………… 132
品質管理担当者 ………………………… 122
品質特性 …………………………………… 5
品質保証（Quality Assurance：QA）
……………………………………… 46、119
品質保証体系図 …………………………… 47
品質マネジメント ………………………… 56
品質マネジメントシステム（Quality
  Management System：QMS）…… 57
品質マネジメントの原則 ………………… 59

[ふ]

ファーストルックVE …… 115、118、120
付加価値 ……………………… 78、133
賦課（直課）……………………………… 83
不稼働時間 ………………………………… 78
物流評価 ………………………………… 112
部品購入用のコストテーブル ……… 127
部品メーカー …………………………… 127

部分原価 …………………………………… 90
不偏推定量 ………………………………… 22
部門共通費 ………………………………… 91
部門個別費 ………………………………… 91
不要部分を除去する ……………………… 78
プランニング ……………………………… 71
ブレインストーミング …………………… 34
ブレインストーミング法 ……………… 116
分散 ………………………………………… 22
分析的アプローチ ………………………… 44

[へ]

平均値 ……………………………………… 21
平均μ ……………………………………… 20
平方和 ……………………………………… 21
ベンチマーキング ………… 114、120、126
変動費 ……………………………………… 84

[ほ]

ポカよけ …………………………………… 44
母集団 ……………………………………… 11
母集団の分布 ……………………………… 19
母標準偏差 ………………………………… 23
母分散 ……………………………………… 22

[ま]

マーケティング担当者 ………………… 122
埋没原価 …………………………………… 91
マネジメントコントロール …………… 70

[み]

見込生産 ………………………………… 145
見積損益計算書 …………………………… 73

[む]

無過失責任 ………………………………… 54
無限母集団 ………………………………… 11
ムダの撲滅 ……………………………… 135

225

索引

[め]

目で見る管理 ……………………… 166

[も]

目標原価 ……………………… 73、89、122
目標利益 ……………………………… 73
モノ ……………………………………… 3

[ゆ]

有限母集団 ……………………………… 11

[よ]

要求品質 ………………………………… 4
要素を組み合わせる …………………… 78
予防対策 ………………………………… 52
四大公害病 …………………………… 199

[ら]

ランダムサンプリング ………………… 13

[り]

リードタイム ………………………… 133
リオ宣言 ……………………………… 215
リコール ………………………………… 51
離散確率変数 …………………………… 12
リスクアセスメント対象物 ………… 192
リバースエンジニアリング ………… 120
流動数曲線 …………………………… 163

[れ]

連産品原価計算 ………………………… 95
連続確率変数 …………………………… 12

[ろ]

労務費 …………………………………… 82
ロット（製造単位） …………………… 11

[わ]

割付法 ………………………………… 123

[B]

BOD …………………………………… 205

[C]

$C = f (v, t)$ ……………………… 77、112
CAD …………………………………… 77
COD …………………………………… 205
CVP分析 ……………………………… 85
C（コスト・原価） …………………… 70

[D]

D（納期・生産性） …………………… 70

[E]

ECRSの原則 ………………………… 116

[I]

IE ………………………… 78、131、134
ISO9000シリーズ …………………… 57
ISO14001規格（環境マネジメントシステム） ……………………………………… 211

[K]

KJ法 …………………………………… 116

[M]

MRP …………………………………… 148

[P]

PDCAサイクル …………………… 8、212
PLM …………………………………… 113
POP ……………………………… 154、158
PRTR ………………………………… 209

[Q]

QC工程図 ……………………… 49
QC工程表 ……………………… 132
QCストーリー ………………… 41、135
QC七つ道具 …………………… 135
QFD …………………………… 119
QFD（品質機能展開） ………… 114
Q（品質） ……………………… 70

[S]

SDGs …………………………… 215

[T]

TQM（Total Quality Management）… 4

[V]

VE ……………………… 75、78、114
VMI …………………………… 151

[記号・数字]

3S ……………………………… 187
3ム ……………………………… 134
4S ……………………………… 187
5S ……………………… 78、187
5S活動 ………………………… 188

227

──ビジネス・キャリア検定試験のご案内──

（令和6年4月現在）

●等級区分・出題形式等

等級	等級のイメージ	出題形式等
1級	企業全体の戦略の実現のための課題を創造し、求める目的に向かって効果的・効率的に働くために、一定の専門分野の知識及びその応用力を活用して、資源を統合し、調整することができる。（例えば、部長、ディレクター相当職を目指す方）	①出題形式　論述式 ②出 題 数　2問 ③試験時間　150分 ④合否基準　試験全体として概ね60％以上、かつ問題毎に30％以上の得点 ⑤受 験 料　12,100円（税込）
2級	当該分野又は試験区分に関する幅広い専門知識を基に、グループやチームの中心メンバーとして創意工夫を凝らし、自主的な判断・改善・提案を行うことができる。（例えば、課長、マネージャー相当職を目指す方）	①出題形式　5肢択一 ②出 題 数　40問 ③試験時間　110分 ④合否基準　出題数の概ね60％以上の正答 ⑤受 験 料　8,800円（税込）
3級	当該分野又は試験区分に関する専門知識を基に、担当者として上司の指示・助言を踏まえ、自ら問題意識を持ち定例的業務を確実に行うことができる。（例えば、係長、リーダー相当職を目指す方）	①出題形式　4肢択一 ②出 題 数　40問 ③試験時間　110分 ④合否基準　出題数の概ね60％以上の正答 ⑤受 験 料　7,920円（税込）
BASIC級	仕事を行ううえで前提となる基本的知識を基に仕事の全体像が把握でき、職場での円滑なコミュニケーションを図ることができる。（例えば、学生、就職希望者、内定者、入社してまもない方）	①出題形式　真偽法 ②出 題 数　70問 ③試験時間　60分 ④合否基準　出題数の概ね70％以上の正答 ⑤受 験 料　4,950円（税込）

※受験資格は設けておりませんので、どの等級からでも受験いただけます。

●試験の種類

試験分野	試験区分			
	1 級	2 級	3 級	BASIC級
人事・人材開発・労務管理	人事・人材開発・労務管理	人事・人材開発	人事・人材開発	
		労務管理	労務管理	
経理・財務管理	経理・財務管理	経理	経理（簿記・財務諸表）	
			経理（原価計算）	
		財務管理（財務管理・管理会計）	財務管理	
営業・マーケティング	営業・マーケティング	営業	営業	
		マーケティング	マーケティング	
生産管理	生産管理	生産管理プランニング	生産管理プランニング	生産管理
		生産管理オペレーション	生産管理オペレーション	
企業法務・総務	企業法務	企業法務（組織法務）	企業法務	
		企業法務（取引法務）		
		総務	総務	
ロジスティクス	ロジスティクス	ロジスティクス管理	ロジスティクス管理	ロジスティクス
		ロジスティクス・オペレーション	ロジスティクス・オペレーション	
経営情報システム	経営情報システム	経営情報システム（情報化企画）	経営情報システム	
		経営情報システム（情報化活用）		
経営戦略	経営戦略	経営戦略	経営戦略	

※試験は、前期（10月）・後期（2月）の2回となります。ただし、1級は前期のみ、BASIC級は後期のみの実施となります。

● **出題範囲・試験日・お申し込み方法等**
　出題範囲・試験日・お申し込み方法等の詳細は、ホームページでご確認ください。

● **試験会場**
　全国47都道府県で実施します。試験会場の詳細は、ホームページでお知らせします。

● 等級区分・出題形式等及び試験の種類は、令和6年4月現在の情報となっております。最新情報は、ホームページでご確認ください。

● **ビジキャリの学習体系**

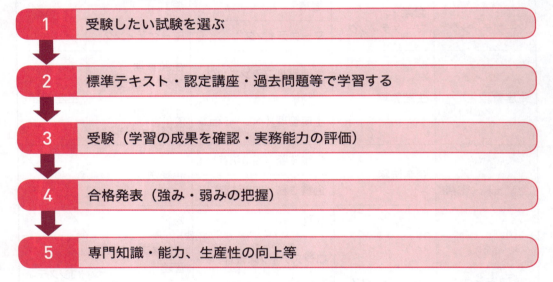

1. 受験したい試験を選ぶ
2. 標準テキスト・認定講座・過去問題等で学習する
3. 受験（学習の成果を確認・実務能力の評価）
4. 合格発表（強み・弱みの把握）
5. 専門知識・能力、生産性の向上等

● **試験に関するお問い合わせ先**

実施機関	中央職業能力開発協会
お問い合わせ先	中央職業能力開発協会　能力開発支援部 ビジネス・キャリア試験課 〒171-0033 東京都豊島区高田3-19-10　ヒューリック高田馬場ビル TEL：03-5843-3523　FAX：03-5950-6302 E-mail：BCsikengyoumuka@javada.or.jp URL：https://www.javada.or.jp/jigyou/gino/business/index.html

【共通知識】生産管理 **3級**〔第2版〕
テキスト監修・執筆者一覧

監修者

渡邉 一衛　成蹊大学　名誉教授

執筆者（五十音順）

奥　倫陽　東京国際大学 商学部　教授
　　　　　…第2章（第3節・第5節）

金谷 貴生　株式会社ケーティシー　経営士
　　　　　…第3章

小酒井 正和　玉川大学 工学部 マネジメントサイエンス学科　教授
　　　　　…第2章（第1節・第2節・第4節）

武下 尚憲　元 ゼロ災実践研究所　代表
　　　　　…第4章

伏見 隆夫　伏見コンサルティングオフィス　代表
　　　　　…第1章、第5章

堀江 成治　堀江環境相談事務所　代表
　　　　　…第4章

（※1）所属は令和5年5月時点のもの
（※2）本書（第2版）は、初版に発行後の時間の経過等により補訂を加えたものです。
　　　初版、第2版の監修者・執筆者の各氏のご尽力に厚く御礼申し上げます。

【共通知識】生産管理 **3級**〔初版〕
テキスト監修・執筆者一覧

監修者

渡邉 一衛　成蹊大学 理工学部 情報科学科　教授

執筆者（五十音順）

市川　博　大妻女子大学 家政学部 ライフデザイン学科　教授

小酒井 正和　玉川大学 工学部 マネジメントサイエンス学科　准教授

武下 尚憲　ゼロ災実践研究所　代表

本多　薫　山形大学 人文学部 人間文化学科　教授

盛本 靖夫　ISO9001・14001導入支援コンサルタント

山崎 隆由　KCGコンサルティング株式会社　副社長

（※1）所属は平成27年3月時点のもの
（※2）初版の監修者・執筆者の各氏のご尽力に厚く御礼申し上げます。

生産管理プランニング **3級**〔初版・第2版〕
生産管理オペレーション **3級**〔初版・第2版〕
テキスト監修・執筆者一覧

監修者

渡邉 一衛　成蹊大学 理工学部 情報科学科　教授

竹岡 一成　総合能率研究所　所長
元 玉川大学 工学部 経営工学科　教授

執筆者（五十音順）

氏名	所属	分野
市川　博	自由が丘産能短期大学 能率科　准教授	品質管理
黒須 誠治	早稲田大学 大学院 商学研究科　教授	納期管理
藤森 和喜	財団法人社会経済生産性本部 コンサルティング部 経営コンサルタント	安全衛生管理 環境管理
本多　薫	山形大学 人文学部　准教授	品質管理
村原 貞夫	元 武蔵工業大学 経営工学科　講師	原価管理

（※1）所属は平成20年10月時点のもの
（※2）各テキストの監修者・執筆者の各氏のご尽力に厚く御礼申し上げます。

ビジネス・キャリア検定試験標準テキスト

【共通知識】生産管理 3 級

平成27年 4 月17日　初　版　　発行
令和 5 年 5 月30日　第 2 版　　発行
令和 6 年 4 月15日　　第 2 刷　　発行
（令和 7 年 3 月21日　特定技能用ルビ付き　発行）

編　著　中央職業能力開発協会

監　修　渡邉 一衛

発行所　中央職業能力開発協会
　　　　〒171-0033 東京都豊島区高田 3-19-10 ヒューリック高田馬場ビル

発売元　株式会社 社会保険研究所
　　　　〒101-8522 東京都千代田区内神田 2-15-9 The Kanda 282
　　　　電話：03-3252-7901（代表）

●本書の全部または一部を中央能力開発協会の承諾を得ずに複写複製することは、著作権法上
　での例外を除き、禁じられています。
●本書の記述内容に関する不備等のお問い合わせにつきましては、書名と該当頁を明記の上、
　中央職業能力開発協会ビジネス・キャリア試験課に電子メール（text2@javada.or.jp）にて
　お問い合わせ下さい。
●本書籍に関する訂正情報は、発売元ホームページ（https://www.shaho.co.jp）に掲載いた
　します。ご質問の前にこちらをご確認下さい。
●落丁、乱丁本は、お取替えいたしますので、発売元にご連絡下さい。

ISBN978-4-7894-9370-3 C2036 ¥3200E
©2025 中央職業能力開発協会 Printed in Japan